CB081137

O canto escolheu a pedra
E juntos foram cachoeira.

— *Angela Castelo Branco Teixeira*

Seja este livro pedra,
Seja este livro canto,
Seja este livro cachoeira.

— *Luiza Christov*

A Voz de Professores de Artes: Encontro Entre Universidade e Ensino Fundamental

Organizadoras: Eliane Bambini Gorgueira Bruno
Luiza Helena da Silva Christov

Angela Castelo Branco Teixeira
Anike Laurita
Arthur Iraçu Amaral Fuscaldo
Bruno Sciuto
Caio Sérgio de Castro Armada Floret Franzolin
Carlos Eduardo Fernandes Jr.
Cleide do Amaral Terzi
Eleni Bambini Gorgueira
Eliane Bambini Gorgueira Bruno
Erick Orloski
Felipe Augusto Michelini da Silva
Gabriel Küster Couto de Oliveira
Giuliano Tierno de Siqueira
Marcia Cordeiro Moreira
Mônica Matie Fujikawa
Renata Gelamo
Saint Clair Rodrigues Nogueira Filho
Silvana Lapietra Jarra
Simone Alves Costa
Tatiana Schunck
Vera Maria Ronca

Porto de Idéias EDITORA

São Paulo, 2016

A voz de professores de artes:
encontro entre Universidade e Ensino Fundamental

Organizadoras
Eliane Bambini Gorgueira Bruno
Luiza Helena da Silva Christov

Conselho Editorial
Barbara Heller
Carlota J. M. Cardozo dos Reis Boto
Célia Maria Benedicto Giglio
Daniel Revah
João Cardoso Palma Filho

Editor
Sebastião Haroldo de Freitas Corrêa Porto

Coordenação Editorial
Silvana Pereira de Oliveira

Projeto Gráfico
Otávio Oliveira Silva

Capa
Nadya Hoffmann

Dados Internacionais de Catalogação na Publicação (CIP)
(Câmara Brasileira do Livro, SP, Brasil)

A Voz de professores de artes : encontro entre universidade e ensino fundamental. -- São Paulo : Porto de Idéias, 2016.
ISBN 978-85-8061-106-9
Vários autores.
1. Arte - Estudo e ensino 2. Educação 3. Ensino fundamental 4. Ensino superior 5. Instituto de Artes (UNESP - Campus de São Paulo) 6. Grupo de pesquisa 7. Professores de arte 8. São Paulo (SP). Secretaria Municipal de Educação I. Bruno, Eliane Bambini Gorgueira. II. Christov, Luiza Helena da Silva.

16-04393 CDD-370.71

Índices para catálogo sistemático:
1. Professores de arte : Educação 370.71

Todos os direitos reservados à
Editora Porto de Idéias Ltda. | Rua Perdões, 101 | Aclimação | CEP 01529-030
São Paulo – SP – Brasil | Tel. 11 3884-3814 | www.portodeideias.com.br

SUMÁRIO

PARTE II OFICINAS

EXPOSIÇÃO PARA UMA INTRODUÇÃO

Luiza Helena da Silva Christov

Chega um momento na vida em que é preciso se expor.

Esse livro é uma exposição.

Exposição de seus autores que integram um grupo de pesquisa cadastrado no Conselho Nacional de Desenvolvimento Científico e Tecnológico (CNPq) e que se autodenomina Roda Língua, um apelido, porque no registro junto ao CNPq o grupo aparece com o nome Arte e Formação de Educadores.

O grupo completa dez anos em 2016, com 25 dissertações de mestrado defendidas; 2 teses de doutorado; um livro publicado antes desse que agora apresentamos e muitos artigos publicados em congressos e revistas.

O grupo pesquisa narrativas de educadores que contam a si mesmos. Pesquisa como se pode transformar experiência em palavras. Pesquisa o que as linguagens das artes ensinam aos educadores em geral. Pesquisa educação a partir de discursos de diferentes campos: da filosofia, da psicologia, da antropologia, da educação musical, do aikido, do budismo em sua vertente nichiren, da literatura em geral. Em suma, esse grupo pesquisa educação a partir de paradigmas que transcendem o discurso estritamente pedagógico. Não raramente, a biologia, a fonoaudiologia, a física, a geografia e a matemática oferecem referências ao grupo, também. Além dos deslocamentos por diversas referências e por campos diversos, esse grupo desloca-se para aldeia de Xavantes; para Alagoas; para Brasilândia, periferia de São Paulo; para a comunidade de Heliópolis; para escolas municipais, estaduais e privadas. Esse grupo pesquisa e aprende em salas de aula do ensino superior, mas sente especial predileção pelo ensino inferior, dos mestres não arrogantes que hão sempre de estar curiosos, das crianças que não aprendem e sinalizam com isso que não somos robôs e que professor não faz a cabeça de estudante. Sentimos especial predileção pelo erro, pelo torto, pelo avesso, pelo escuro, enfim, por tudo o que gera perguntas e que intriga.

Esse livro é uma exposição de tudo o que acreditamos e no que apostamos quando tratamos de educação, de estar junto a alguém para aprender algo.

É um livro que conta a história de um encontro. O encontro de nosso grupo de pesquisa com os professores de artes da rede municipal de São Paulo.

O livro expõe assim, em primeiro lugar, uma parceria entre um grupo de uma universidade pública – a Unesp e uma Secretaria Municipal de Educação – a SME de São Paulo.

Como surgiu essa parceria? Surgiu da necessidade de nosso grupo propor momentos de abertura para professores de artes e para educadores em geral, uma vez que recebemos inúmeros pedidos para participação e ingresso no grupo de pesquisa lotado no Instituto de Artes da Unesp. Nos primeiros anos, recebemos diversos interessados, chegando a contar com mais de 25 participantes. Porém, fomos constatando que um grupo de pesquisa precisa de recolhimento e assiduidade, com participação continuada e capaz de aprofundar as questões e as referências teóricas necessárias aos seus problemas de pesquisa. Decidimos não mais abrir para convidados esporádicos e seguimos mantendo um núcleo que se renovava a partir do ingresso de mestrandos e doutorandos, bem como de estudantes das licenciaturas do Instituto de Artes que desejavam pesquisar sob nossa orientação.

A decisão de fechamento do grupo não veio sem dilemas e sem culpas. Ficamos nos perguntando como encontrar um caminho de abrir e de manter o fechamento importante para as pesquisas e escritas.

Encontramos, assim, após algum esforço de invenção, a ideia de abrir o grupo em eventos anuais, em momentos específicos, convidando educadores para conversar sobre nossas pesquisas e sobre os saberes que os mesmos elaboram em seu cotidiano profissional.

Em 2014, decidimos inaugurar os eventos de abertura do grupo de pesquisa com uma parceria com a Secretaria Municipal de Educação de São Paulo. A opção por essa parceria motivou-se no fato de que um grande número de professores de artes da rede municipal são egressos do Instituto de Artes da Unesp. Além disso, alguns de nossos ex-estudantes assumiram funções de formadores nos órgãos centrais da referida secretaria municipal de educação. Já contávamos com uma parceria informal e restrita a alguns professores. Decidimos, então, ampliar e formalizar uma parceria que já existia. Convidamos 200 professores de artes para estarem conosco no Instituto de Artes em um evento de 16 horas, divididas em dois sábados, no segundo semestre de 2014. Com apoio da Secretaria Municipal de Educação – SME, recebemos os professores com café da manhã e abertura musical com o grupo de Maracatu Bloco de Pedra.[1]

O convite a 200 professores justificou-se porque consideramos realizar o encontro com professores de artes de todas as 13 coordenadorias regionais de SME. Constatamos as condições de espaço e de bom acolhimento para receber

1. Grupo de Maracatu Bloco de Pedra: Fundado em janeiro de 2005, em Pinheiros (SP). O Bloco de Pedra possui aproximadamente 80 músicos e 20 dançarinos. O grupo canta toadas tradicionais, bem como composições de própria autoria.

10% de cada coordenadoria, o que nos levou ao número de 200 professores.

Organizamos dois dias de encontro com professores, começando por um momento de escuta sobre o ensino de artes que realizam em suas sala de aula.

Começar pela escuta dos professores é um primeiro e fundamental valor para nossa grupo. Não pretendíamos convidar professores para um encontro no qual se tornassem ouvintes de nossas pesquisas. E nosso encontro motivou-se efetivamente por uma curiosidade: o que dizem os professores de artes sobre o ensinam que realizam? O que recomendam para políticas públicas que possam qualificar positivamente esse mesmo ensino?

Propusemos, então, momentos para ouvir os professores a respeito das duas perguntas anteriores e para vivenciarmos oficinas, mostrando aspectos do que valorizamos teórica e praticamente para o ensino de artes e para educação em geral.

Nossa exposição assumiu o caminho da conversa, do encontro, da escuta e do aprendizado.

Esse livro pretende narrar o caminho percorrido. Dividido em três partes, traz capítulos sobre o momento identificado como escuta; capítulos referentes a cada uma das oficinas e três reflexões: uma sobre o caminho da escuta, outra sobre o caminho das oficinas e outra dos representantes da Secretaria Municipal de Educação.

Nossa exposição mais radical foi a de nos colocarmos como ignorantes, como curiosos, como narradores do que valorizamos. Não nos furtamos a expor nossa ignorância e a expor o que valorizamos.

Os professores convidados expuseram-se nos momentos identificados como escuta e nos momentos identificados como oficinas. Os coordenadores de escutas e de oficinas expuseram-se duplamente: ao vivenciarem suas propostas junto aos professores da rede municipal e ao apresentarem suas narrativas nesse livro.

As organizadoras, Eliane Bambini Gorgueira Bruno e eu mesma, representando nosso grupo de pesquisa e a Unesp; Marcia Cordeiro Moreira, Fátima Antonio e Carlos Eduardo Fernandes Jr., representando a Secretaria Municipal de Educação de São Paulo, expuseram-se aos professores da rede municipal, aos pesquisadores da Unesp e continuam expostos aos leitores nesse livro.

O formato do encontro, compartilhando alimento, músicas, oficinas e escutas tornou-se uma exposição. Como aquelas de artes visuais que acontecem em galerias e museus nas quais os artistas se mostram propositalmente e provocam sensações, pensamentos e palavras.

1

ESCUTAS

PERTENCIMENTOS

Angela Castelo Branco Teixeira

Este texto começa com a imagem de uma pia. Esta foi uma das palavras que mais apareceram nos relatos dos educadores. Uma concretude que é evidente: estávamos o tempo todo a falar de lugar, de espaço e de pertencimento. Escorria pela fala o esforço necessário para se pertencer a uma escola, a um bairro, a uma equipe, a um grupo de alunos, a uma sala, a um discurso. Ouvimos relatos da pia que está entupida, a pia que não existe e a pia que finalmente consegui ter.

Prometi atrapalhar o menos possível no papel de escutadora, deixar o fio de água correr por seu curso e, claro, meter a mão no ralo quando a poça do dizer se instaurasse.

Assim que contei ao grupo o nosso percurso de planejamento para este momento de escuta (as voltas que demos para chegar ao simplesmente "escutar"), a conversa começou a surgir espontaneamente e um primeiro chão comum se instaurou.

> *Percebemos que há falta de apoio nas formações, espaços como este são muito importantes. Queremos falar de coisas específicas da nossa área, o que nem sempre é possível. A área de artes é considerada uma das menos importantes na escola. Não conseguimos nem pedir livros para a nossa área... E, se por sorte temos algum livro, onde guardá-los? Sim, porque o professor de arte não tem uma sala específica, muitas vezes dividimos salas com outros professores. Temos que ficar brigando por um espaço. A maioria das salas em que damos aula não possui nem pia... Mas agora estamos sendo solicitados nos novos ciclos de ensino. A arte está sendo incluída nos três ciclos. Agora é hora de*

aparecermos e mostrarmos as nossas necessidades. A arte permite que trabalhemos juntos, ou seja, ela dialoga com todas as matérias. Porém, com uma aula semanal apenas não se faz praticamente nada... Esse é o momento de nos formarmos realmente. Alguém aqui disse que usa livros? Quais? Como? Por quê? Quando?

Neste momento, eu fiz uma intervenção e lembrei ao grupo que a conversa estava centrada apenas em alguns integrantes da roda e que não havíamos nos apresentado ainda. Sugeri que seria importante pararmos justamente neste ponto da conversa e a retomarmos ao final, após conhecermos as narrativas das experiências de cada um e criarmos um espaço de conversa coletiva. *Será que, após ouvirmos cada um e todos, ainda seria vital falarmos sobre a questão dos livros?* Seguimos, então, para as apresentações e falas de cada um. Transcreverei um pequeno resumo das narrativas que aos poucos foi transformando a sala com muitas palavras. A cada relato era possível ir ao encontro da sala, da escola mencionada.

No grupo havia uma professora de educação física e uma professora da sala de leitura, para além dos professores de artes. Porém estas identificaram que seus relatos eram parecidos. Alguns professores falaram de suas experiências profissionais pregressas, por exemplo, um professor que antes de ingressar na prefeitura trabalhava na Natura, outra que trabalhou por muito tempo no Mc Donald's e outras que também atuavam na escola particular. Esta informação trouxe para a roda uma perspectiva de que estar ali era uma opção assertiva e do desejo, ou seja, uma conquista. E, já que estamos falando de aspectos mais gerais, pontuo também que a tônica das falas de todos os professores foi de luta, de abertura de espaço mesmo na dificuldade, mesmo na falta de enraizamento. A maioria citou: *"não podemos cair na reclamação, tem que sair fazendo", "quando comecei a arrumar meu espaço eu ouvia dos outros colegas: xiii, é porque você ainda é nova, não mexe com isso não...", "até hoje eu ouço pessoas falando assim, mas a gente não pode ligar".* E, mesmo quando havia uma crítica mais dura à falta de integração com a equipe escolar e descontentamento com a burocracia da escola, os corpos pareciam inquietos, ou já preparados para achar uma saída, e ouvíamos possibilidades de saídas e intervenções do próprio falante e daqueles que escutavam. Ou seja, percebi uma substituição do discurso da impossibilidade para o discurso da possibilidade. Havia um constante esforço para sair da queixa e se agarrar na potência de cada um. Houve até uma professora que disse a outra:

> *Posso te dar um conselho... se está tão difícil plantar novas coisas nessa escola e você já tentou tudo (a aula de artes dela era a última da noite e ninguém ficava para participar, nem mesmo a professora incentivava), vá para outra, procure um lugar onde você possa fazer as suas coisas, se sentir melhor, mais potente.*

Eu me arrisco em apontar algumas questões que são comuns, que apareceram nos relatos de diferentes maneiras, mas com a mesma entonação.

Sobre a importância de se pertencer a uma escola: muitos apontaram que é necessário trabalhar na relação com a escola como um todo, não apenas com a equipe pedagógica, pois a equipe de limpeza e cozinha, por exemplo, pode ser aliada nos projetos e na captação de materiais, além de fortalecer e incentivar o professor.

> *Quando comecei, trabalhava numa escola muito pobre, com salas numerosas, muita dificuldade, eu não conseguia me expressar. Tudo eu tinha eu levar, era muito ruim. Depois comecei a trabalhar paralelamente em outra escola*

e eu tinha muito o apoio da direção... então comecei a levar material de uma escola para outra, comecei a fazer campanha com os alunos e as coisas começaram a melhorar.

A grande questão é você se encontrar no lugar em que está, senão não consegue fazer nada.

Pertencer a um bairro: necessidade de não se esquecer onde se está, relacionar os conteúdos trabalhados com o entorno, com as características e urgências dos alunos de cada local.

Os alunos usavam havaianas com arame, tinham piolho, isso me deprimia... daí resolvi escutar o que eles queriam.

Como eu dou aula no contraturno, eu disputava os alunos com a ONG local. Daí fui ao encontro desta ONG e hoje desenvolvemos projetos juntos. Mas eu me sinto sozinha nesse esforço todo. Não sai nenhuma proposta da DRE neste sentido, teve que ser minha a ação.

Meu trabalho é com a mudança de olhar. É importante olhar o entorno e fazer fotografias, e criar.

Pertencer a uma equipe: a dificuldade em estabelecer parcerias com outros professores e a falta de incentivo da direção na execução de projetos que precisam de articulação e/ou recursos materiais são elementos despotencializadores da prática dos professores. Ficou muito nítido que a direção pode colaborar muito no sentido de auxiliar o professor de artes a "pertencer à equipe e à escola". Escutamos também muitos relatos de projetos interdisciplinares que estão sendo feitos, principalmente no que se refere à solicitação do professor de artes para que produza cenários e elementos de decoração para festas comemorativas.

Tenho sido muito andarilha na rede, não consigo me encontrar, há muita falta de apoio da direção. Percebo que a aula de artes é um verdadeiro "tapa-buraco". Sinto-me uma forasteira. Acho que temos que levar os alunos para circular pela cidade, para ver exposições, mas a escola alega que não tem transporte. Eu não consigo prever no começo do ano qual exposição vou querer ir... isso deveria ser desburocratizado e deveríamos conseguir ônibus durante o ano inteiro...

Pertencer a um grupo de alunos: a famosa indisciplina dos alunos sempre esteve relacionada à dificuldade em criar vínculos com o grupo tendo apenas uma aula por semana e trocando de turma a cada 45 minutos. Alguns relataram que sua abordagem de trabalho passa pelo afeto, pela criação de situações de convivência muito mais do que um trabalho com artes propriamente dito. Uma professora citou que "vínculo" e "afeto" são chamados pelo currículo como "currículo oculto", ou seja, um conteúdo que não "aparece", mas que está presente em todas as disciplinas. Achamos bem engraçado este nome.

Procuro juntar as artes com a vida. Trabalho com roda, teatro, música, sempre abordando a relação com os outros, para prestar atenção, pois estamos no meio de outras pessoas, e não sozinhos. Não é nada fácil.

Eu aprendi a negociar. Reconhecer o que não sei, ou seja, aprender com os alunos. Eles têm brincadeiras e jogos pra ensinar... faço isso para não ficar parada reclamando...

Eu gosto de ser professora porque sou eu e os alunos na sala, não tem chefe para atrapalhar. Mas percebo que as crianças vêm para a escola muito descuidadas, isso é um problema sério.

•

Eu passei o semestre inteiro trabalhando com eles a questão do foco e da concentração. E ganhei o dia quando ouvi um aluno dizer para o outro: "tenha mais foco e concentração, assim você não vai conseguir fazer nada...".

Eu fiquei com a turma dos "piores", os mais bagunceiros neste ano... mas vocês acreditam que eu gosto deles?! Sim, tenho paixão por aquelas crianças. Mas eles são terríveis, não se respeitam, têm uma baixa autoestima muito grande, são violentados pela vida. Então, eu tive uma ideia, trabalhar com nomes. Cada um tinha que falar seu nome, todos tinham que repetir e depois pesquisar significados, dar abraço individual, coletivo etc. E estou trabalhando com isso neste semestre... o afeto, convivência, aceitação.

Pertencer a uma sala/possuir recursos de materiais e tempo: este é um dos aspectos mais limitadores e mais libertadores da prática dos professores. Ter uma sala de trabalho; ter materiais; criar, mesmo na escassez; achar aliados para conseguir materiais; criar a partir do que se tem. É nítido em todos os relatos que há uma luta, um desgaste, uma solidão, uma invisibilidade, uma questão de "honra" a ser vencida, que é resolver a falta de recursos de tempo, espaço e materiais na aula de artes.

Na minha escola eu tenho uma sala ambiente, que possui varanda, pia, não tenho uma turma fixa e os alunos é que se deslocam pela escola, não eu. Isso é muito bom. A sala fica uma verdadeira bagunça, pois trabalho muito com materiais reciclados. O difícil são os materiais, tenho que inventar o tempo todo o que fazer com poucos recursos. Por exemplo, eu estava trabalhando a questão do suporte, com desenho no post it. Mas o aluno faz rapidinho a proposta, nem vê direito o que está fazendo, acha que qualquer coisa está bom. Daí eu chamo a atenção para o pensar. Não adianta só fazer e pronto, gastar os materiais e não se envolver com aquilo. Eu peço que todos expliquem porque fizeram, que falem. Fazer é pensar.

Eu nunca diria para a minha diretora que a minha sala fica uma "bagunça". Não é bagunça não, é arte! Quando estou dando aula de música, e ela fala do barulho, eu digo: "Não é barulho não, é som!!!". Acho que não podemos dar espaço para diminuírem o que fazemos. Eu tenho sala, mas a pia está entupida. Quando cheguei na escola, não tinha sala, fiz uma mobilização geral, tirei lixo, pintei móveis, fiz campanha... ouvia das professoras e coordenadoras: você não pode usar a sua HA para arrumar a sala... mas eu não ouvia, fazia mesmo assim. Fazia faxina. Pedia ajuda para parentes para pintar mesas, restos de materiais, fazer jogos... Agora estou trabalhando com um projeto de teatro e artes. Já consigo até expor os trabalhos na sala.

•

Dou aula de educação física. Mesmo sem bola, o nosso material é o corpo. Basta ter gente que dou aula. O aluno gosta de aprender. Tenho ajuda do professor de artes, trabalhamos muito juntos.

É muito difícil dar uma aula de artes em 45 minutos. Não dá nem pra arrumar materiais. E uma vez por semana... parece que qualquer coisa que fizer está bom...

Tenho trabalhado com um projeto de fotografia para olhar o entorno e com telas... os próprios alunos estão montando suas telas, preparando-as para fazermos uma releitura tridimensional de Portinari. Temos compressor na escola também. Fazemos grafite.

Eu resumiria toda a questão com a aula de artes em três aspectos: espaço, tempo e material. Passei um tempo para conquistar uma sala, hoje tenho pia, pano, a sala pode ficar suja... Pedi para dobrarem as aulas de 45 minutos, então os alunos têm mais tempo de trabalho e sobre material... não adianta reclamar! Nunca tem!!! Então meu planejamento está em função dos materiais disponíveis... recicláveis, lata de ervilha, bambu... sim, bambu... saio pelo bairro com o diretor e colhemos bambus... saem totens lindos e pode-se trabalhar com artes africanas... ah, trabalho com pintura em pneu também, que já tem a sua própria padronagem... Então sua aula é um ateliê constante! Sim, um ateliê constante de experimentação.

Pertencer a um discurso: romper com os discursos estabelecidos não é fácil e muitas vezes eles confundem ou "desviam" do caminho a ser seguido. Muitos relataram que o discurso do fracasso e da queixa é bastante presente e que fazem um verdadeiro esforço para não caírem nele de modo passivo. Isso foi apontado como uma questão de sobrevivência.

Quando cheguei ao município, eu me espantava com as siglas e as falas dos professores... era tudo tão específico e ouvia as mesmas coisas: "você não vai pontuar...". Eu demorei a entender o que é isso... Eles falam isso o tempo todo, como se fosse normal, óbvio...

Tapei os ouvidos para as reclamações dos colegas e decidi dar aula, simplesmente. Não me importa mais a opinião dos outros. Estou há dez anos na prefeitura e os alunos é que mudaram meu ponto de vista.

Pertencer ao currículo: aqui destaco as palavras mais citadas: "projeto" e "suporte". Foi possível perceber que a ênfase da atuação está nas artes plásticas e no uso de materiais reciclados para se resolver a questão da falta de recursos. Esta prática de experimentação de suportes relaciona-se com a proposta curricular de pensar os diferentes suportes para a criação artística. O material didático foi citado como um eixo norteador da prática, principalmente nos aspectos que abordam as expectativas de aprendizagem, porém este não é "seguido à risca". Muitos professores afirmaram que aboliram o caderno de desenhos e a prática de pintar em folha de sulfite com lápis de cor, o que tradicionalmente era entendido como uma aula de artes. Os que atuam com classes de idade maiores incluem uma aula de teoria e uma aula de prática em seus planejamentos, separadamente. Ao final da conversa, uma coordenadora pedagógica que também estava presente chamou a atenção para uma questão importante:

> *Cada um está fazendo o que acha que é melhor, se virando, sobrevivendo; isso é perigoso, não era para estarmos desse jeito. Temos uma orientação curricular, mas isso não está sendo usado como deveria... isso é assustador...*

Entretanto, outros professores interferiram alegando que isso também pode ser rico e que, pelos relatos ouvidos, há muitas invenções não previstas no currículo. Acredito que esta é uma das questões principais a serem debatidas entre os professores e a coordenação. Como o currículo está chegando aos professores? Será que a formação de professor deve se preocupar exclusivamente com a ampliação de repertórios e conteúdos ou, como apontaram os professores, a questão de ter um lugar e condições de trabalho é essencial? Criar um espaço, habitar um lugar, estar em grupo também são conteúdos curriculares?

> *Acredito que arte é conhecimento, o livro, o currículo me orientam, sim, mas o planejamento é totalmente móvel, inventado a todo o momento. Depende de muita coisa: grupo, materiais, escola etc.*
>
> *A primeira aula de teoria e a segunda de prática.*

> *As expectativas de aprendizagem curricular servem para me organizar, me orientar, a partir delas vou criando os meus projetos e faço muitas mudanças também.*

Terminamos a conversa com o horário avançado e com a fala de uma professora que disse que iniciamos discutindo a questão do livro didático e terminamos percebendo que cada professor também é um livro de experiências e conhecimentos, ou seja, cada professor carrega um livro de histórias. Por que não inseri-las no currículo?

A ESCUTA MEDITATIVA

Saint Clair Rodrigues Nogueira Filho

Penso que todos nós vivemos o jogo da vida buscando equilíbrio, navegando um mar-fluxo de ações, intenções e tensões com o barco da integralidade de nosso corpo, mente e espírito. Por isso, quando pensei no momento de escuta que teria pela frente com os educadores de artes da rede municipal de São Paulo, percebi que havia uma oportunidade de explorar uma dinâmica que tangenciasse mais fluidamente essa integralidade.

Este educador sai de casa (em um sábado de manhã), vai para uma sala estranha e recebe um pedido de um estranho (entre outros estranhos) para falar sobre sua aula de artes. Pensando nesse cenário, propus um escuta interna *antes* da escuta externa, para aquietarmos as estranhezas e nos alinharmos com nós mesmos, com o espaço e com o outro. Minha experiência como pesquisador e docente me diz que após passar por este processo de internalização, falamos de um jeito diferente sobre as mesmas coisas, e este é um jeito de estar *com* o mundo, e não apenas *no* mundo. Você está *com* tudo ao seu redor e *com* você mesmo em harmonia.

Inicialmente, propus uma série de técnicas corporais da arte marcial aikido e do kinomichi. Começamos com algumas respirações, para buscar o relaxamento e a consciência do próprio equilíbrio corporal. Em seguida, partimos para movimentos de condução executados em duplas, com o objetivo de criar um senso de conexão não resistente com o outro (um *ir com*). Seguiram-se, nesta linha, propostas de exploração do espaço através do toque, para desenvolver uma percepção de confiança e a perda do medo através da sensibilidade espacial/corporal. Depois, começamos um trabalho de meditação conduzida pelas notas do piano: a cada nota, descendo do agudo para o grave, pedi que o grupo aprofundasse o estado de concentração, com a busca pelo relaxamento corporal e pelo esvaziamento do fluxo de pensamentos. Pequenas·orientações eram fornecidas por mim, a cada nota, em baixo tom de voz. Assim que alcancei a nota mais grave, fui retornando para a mais aguda, desta vez pedindo que a cada nota a pessoa trouxesse à sua mente algum detalhe sobre suas aulas de artes. Finalizando, com a nota mais aguda, pedi que abrissem os olhos e sentassem em silêncio para escrever dez meditações[1] sobre suas vivências como professores. Todos sentaram e continuei tocando piano, para manter uma conexão perceptiva com tudo que tínhamos vivido, na tentativa de manter o relaxamento enquanto fluía a produção textual.

Quando todos terminaram, muitos leram sua produções voluntariamente. Quando as leituras cessaram, conversamos sobre nossas percepções a partir da experiência vivida ali. Os relatos, em vários momentos, se referiram ao contraste entre os estados de tranquilidade alcançados e os conflitos vividos na escola.

> *Ajudou a gente a baixar o julgamento e observar mais.*
>
> *Por isso que não consegui escrever. Não me libertei, não consegui escrever por que estava presa a alguns conflitos e dificuldades.*
>
> *Eu acho que antes da música você acessou o corpo. E este caminho do corpo associado à música... agora que estou*

1. Inspirado no formato do livro: MING-DAO, Deng. *Tao:* meditações diárias. São Paulo: Martins Fontes, 2003.

voltando. Esse caminho do corpo você acessa todos os seus registros...

Por isso que não consegui escrever e saíram as lágrimas, porque é isto que estamos vivendo: conflito, conflito, tensão e tensão. Escrevi aqui: liberar tensões, paz no que faço...

Dou aula numa escola de surdos e tenho um aluno cego, pensei muito nele. Nunca ouviu, nunca escutou e faz tudo através de tudo que fizemos aqui: do toque. E eu não consigo, não consigo me comunicar, andar no espaço como ele.

Uma coisa que procurei colocar aqui foi isso: procurar perceber a textura das coisas... às vezes é assim: vou tocar o colega, tudo bem somos professores... Mas lá fora falta o contato.

Eu pensava muito no conflito, no estresse. E vivo agora outra realidade, a gente consegue ser professor.

Não é que na minha escola não tenha conflito. Mas há coisas que dão leveza em todos esses conflitos... a natureza e as artes equilibram...

Sobre os conflitos na escola:

A ênfase aqui é a escola, mas a sociedade tem isso. A gente vive um caos, mas procuro uma sabedoria, se colocar no lugar do outro...

A escola tem vários problemas graves... mas a gente tem vários alunos que vivem realidade diferentes... e os problemas da escola só podem ser resolvidos no coletivo: o grupo preciso dialogar... Lá na nossa escola, os alunos não jogam papel no chão... o aluno vê que é melhor, ele mantém aquilo... risca a parede, depois limpa... demora, mas eles percebem que é melhor estar numa escola limpa, estar num ambiente agradável. Se a gente ficar sozinho, a gente adoece.

Compartilhando minha percepção, falei da minha pesquisa com o aikido, que me ajuda nas situações de conflito:

Existe uma forma de se movimentar no espaço que reverte essa lógica [do conflito]... você começa a olhar para as pessoas e os acontecimentos de uma outra forma... isso é muito impactante pra mim... por que passamos pelas mesmas coisas... e o criador do aikido diz que aprender a lutar é aprender que lutar é desnecessário... você não luta não porque fica apático, mas ao contrário: porque você se movimenta mais do que o outro... me preocupo muito em manter um contato com o outro... em aprender a ler os espaços... como eu me conecto com o outro, com aquele que me agride.

Com base nisso, começaram a aparecer conexões:

Nunca vi um curso de professor no qual a gente ficasse tão calmo... e é muito bom, porque esta história de escrever aqui te leva à essência... achei muito interessante esse caminho...

Estava ouvindo você falar sobre conflito, eu trabalho com dança de salão... e temos muito isso, o contato com o outro... as brigas e os conflitos das pessoas aparecem nos corpos das pessoas... as pessoas não conseguem conduzir, perceber o aqui e o agora... e essa é minha luta na escola... só de tocar o outro, já é um grande problema... na dança de salão tenho que me comunicar com o outro... você não escuta o corpo do outro... você tem que estar aberto para perceber estes corpos que vêm até você...

Isso [o contato] para eles [os alunos] não existe...

A criança não tem essas amarras... os pequenos grudam...

Parece que tem um certo momento em que tocar no outro é proibido, principalmente na escola...

É mais fácil eu me comunicar com você pelo Whatsapp do que ir aí te dar um abraço... estamos nesse movimento de semear no asfalto: uma hora racha e a coisa floreia... o outro vai se contaminando pelo seu exemplo...

Pedi que entregasse a escrita quem estivesse à vontade para tal. Duas educadoras não conseguiram escrever porque se revelaram tocadas por aquela prática, que lhes trouxe um alívio em relação aos conflitos e tensões que estavam vivendo na escola. Temos 82 meditações como formas de *estar com* o mundo, pistas preciosas para uma aula de artes e um educador em harmonia com tudo que o cerca.

82 meditações sobre o ensino de arte[2]

1. Liberdade para sentir, segurança em inovar.
2. Quebrar as barreiras, sem medo e com confiança.
3. Conseguir atingir aquele que se distancia do grupo, além do grupo. Envolver todos da classe.
4. Criar novos diálogos com diferentes linguagens.
5. Causar boas mudanças. Despertar novos interesses.
6. Ampliar horizontes.

2. As meditações foram devolvidas por e-mail para os participantes e também postadas em forma de vídeo. Disponível em: https://www.youtube.com/watch?v=cGH1Ndbhmss.

7. Cada limitação que uma pessoa nos mostra acaba por revelar as nossas próprias limitações.
8. O caminho de transformar estas limitações é sinuoso e irregular. Aí é que está sua beleza.
9. Todo ser humano no processo de aprender e ensinar ao longo da vida deve ter a sinuosidade de seu caminho respeitado.
10. Conquistar tal respeito – para si e para seus companheiros de jornada – poderia ser uma tarefa para todos.
11. Compreender o próprio caminho traz tranquilidade e alegria.
12. Compreender o próprio caminho nos convoca para a ação.
13. Agir na direção precisa e correta pode promover transformação.
14. Transformar(-se) é necessário.
15. Transformar(-se), muita vezes, significa nadar na direção contrária.
16. Transformar(-se) é lutar.
17. Colagens e explorações da africanidade. Sons, gestos e registros de mistura de culturas.
18. Brincadeiras infantis, jogos nunca aprendidos.
19. Sabores, cores, aromas de família.
20. O simples, o reaproveitado, o revalorizado em destaque.
21. Lendas, ditos, crendices, histórias, causos, contos, cantigas no cotidiano da criança presente em cada adulto.
22. Texturas: peles, árvores, conchas, contas, contrastes, linhas, marcas, espessuras, volumes, tamanhos, matizes.

23. Leveza, movimento, roda, jogo, equilíbrio, atabaques, tambores, muitos sons.
24. Conhecer e se reconhecer, toque, sensibilidade, outros sentidos.
25. E neste momento eu penso no meu aluno surdo e cego, que anda pelos espaços da escola com muita tranquilidade e se comunica através do toque.
26. Percebo o quanto sou limitada.
27. Transformação.
28. A pior defesa é o ataque.
29. Sair, desviar.
30. Energia.
31. Conexão.
32. A queda é inevitável, precisamos aprender a cair.
33. Tolerância: me ver no outro.
34. Novo: buscar explorar o novo.
35. Desconhecido: não ter medo.
36. Desconforto: que gera ações, movimento.
37. Apego: ao que se conhece.
38. Disponibilidade: ao novo, experienciar.
39. Aceitar: suas limitações e as do outro.
40. Mudança: gera o caos momentâneo.
41. Conforto: quanto ao que conheço.
42. Atitude: ter a iniciativa.
43. Razão: manter um equilíbrio.
44. Poder fazer como quiser.
45. O diferente também está certo.
46. Você é importante.
47. Juntos e separados.
48. Se veja ou não.

49. Não querer também é poder.
50. Eu vejo o outro em mim.
51. Eu não vejo o outro em mim.
52. Verdades, mentiras: quem decide?
53. Conseguir estar fora, observar e decidir.
54. Momentos de alegria e doação.
55. Instrução, bem-estar, resultado, leituras...
56. Mudanças, aprofundamentos no conhecimento.
57. Crescimento, alegria, prazer no que faço.
58. Crescer, crescer, voar...
59. Dificuldades de estruturas físicas, materiais, amor.
60. Relações humanas, conhecimento, felicidade, não à ignorância, educação, tolerância.
61. Sermos livres, amor, paz, sabedoria, leituras, estudos.
62. Ajudar a quem? Sabedoria, reflexão.
63. Quem somos, nossa identidade profissional em porto seguro, sabemos o que queremos e onde queremos chegar, clareza, crítica, dialética, práxis do conhecimento, mudanças, condições.
64. Sabedoria, conhecimento, mudanças, bem-estar da sociedade.
65. Medo pra quê, escudo, proteção.
66. Escolha, caminhe, sinta, esteja.
67. Ser eu, nós, pulsando, afetando.
68. Como afetar afeta, conecta, cria, estabelece.
69. A ordem é a desordem.
70. Não há retas, mais variação delas.
71. A quebra, a construção de mim, provocada pelo outro, espírito, desconecta, reconstrói, agitar para misturar.

72. Deixar afetar-se.
73. Uma busca por um ambiente tranquilo sem brigas, conflitos e agressividade.
74. Encontrar o caminho para o entendimento e a finalidade para tarefas realizadas.
75. Nossos grandes momentos não são aqueles em que planejamos! Acontecem quando menos esperamos.
76. Encontrando equilíbrio e tranquilidade para o que fazemos.
77. O despertar para uma vida de possibilidade artísticas ainda não exploradas por medo ou passividade.
78. Questionar se o caminho para o entendimento não seria através do amor pelo que se faz.
79. Ambiente de trabalho adequado para o trabalho que queremos realizar!
80. Inconformidade com a situação e com questões que não conseguimos mudar facilmente.
81. Somos o que sonhamos e devemos sonhar muito.
82. Autoconhecimento.

ESCUTA COMO TEMPO E ESPAÇO DE RESPIRAR

Renata Gelamo

A proposta inicial do encontro com os professores de artes era a de que cada pessoa se apresentasse individualmente, porém, o que de fato aconteceu foi uma apresentação de seus trabalhos como educadores e como sujeitos que encontraram um espaço para falar a respeito das grandes dificuldades encontradas neste fazer.

Nessa primeira rodada de conversa, algumas palavras parecem ter ganhado uma intensidade muito forte na fala dos educadores; eram palavras férteis, cheias de sentidos. Bastava olhar, ouvir, sentir e pegar para que mostrassem o que queriam oferecer.

Foram palavras de frustração pela falta de espaço físico, pois em poucas escolas há uma sala para aula de artes; falta de espaço-tempo, pois, como bem lembrou uma das educadoras, 45 minutos para as artes em uma semana é muito pouco tempo; falta de delimitação de espaço-função, porque a todo momento o arte/educador precisa ficar lembrando que não é o decorador da escola; falta do espaço para a compreensão social do ensino de artes. O espaço que existe e pode ser verbalizado é o da falta: da falta da construção do coletivo, da falta de parceria entre os professores de artes e de outras áreas, da falta de desmistificar o lugar da arte, da falta de formação para trabalhar com a inclusão, da falta de valorização do ensino de artes, da falta de reconhecimento da área, da falta de uma política social que dê autonomia e responsabilidade ao aluno.

No avesso da falta aparecem alguns espaços-brechas, ainda que fragmentados: espaços para o improviso, espaços para pedidos de conexões entre disciplinas, espaço para uma visão não romântica do ensino de artes.

A provocação da realização de um encontro para educadores de artes da rede municipal, as frustrações trazidas nas/pelas palavras, a tristeza que tomou conta do grupo fizeram com que os corpos ficassem tensos, deixassem as respirações ainda mais curtas. Agora tínhamos que arranjar um espaço para acolher a dor, para "acreditar, reacreditar, para reunir", como pediu um dos educadores.

E esse espaço foi criado coletivamente.

O grupo propôs uma experiência de construção dos sentidos para o ensino de artes na rede municipal de ensino com base em uma discussão sobre a palavra ESPAÇO, que tantas vezes apareceu nas fala dos educadores.

Espaço como falta, mas também como criação.

A partir da imagem trazida pela sensação de respirar profundamente, que fizemos todos juntos, num momento de pausa para "ser corpo" e da constatação de que é necessário criar um espaço dentro do pulmão para que o ar possa ter fluxo contínuo e assim produzir voz, começaram a registrar suas marcas. Foi a partir do silêncio que o grupo pôde ganhar voz para dizer como enxergam o ensino de artes na rede municipal.

De uma maneira muito orgânica, cada um foi juntando sua produção em torno da palavra ESPAÇO, escrita em uma folha de sulfite que estava no chão, e se conectando de algum modo à produção do outro, construindo um "texto" coletivo, uma rede de sentidos. Metaforicamente, o ESPAÇO criado neste grupo foi um espaço de reconstrução dos sentidos, que aconteceu pelo desenho, poesia, pedidos por mais espaço, fragmentos de papel, sons musicais, cortes e recortes, textos, cartas, palavras, pontes, tempo.

Enquanto a construção artística dos sentidos era (re)feita, uma das educadoras, que também é professora de língua portuguesa, fez o papel de escriba a partir do que observava durante a construção do "ESPAÇO". A seguir o relato que o grupo assumiu como voz naquele momento.

O texto lido em voz alta foi aplaudido pelo grupo.

UM ESPAÇO PARA ARTES

O espaço como voz, criação inicial da expressão artística.
Qual o espaço que tenho? Como as artes ocupam esses espaços?
Para o artista é essencial respirar coisas novas, estar em contato com as artes que muitas vezes não podem ser expressadas em todos os espaços e tempo disponíveis na escola.
Transformaram as artes em processos automáticos, como se pudessem ser engessados, ou fragmentaram de tal modo que em vez de ocupar todos os espaços passou a ser uma exceção.
A voz que se une grita por um espaço que ultrapasse os muros da escola, que seja visto, aplaudido e reconhecido.
O ensino de artes na rede está sufocado pelos tantos outros afazeres e cobranças. A pergunta é: como ensinar senão através das artes?
Num tempo em que necessitamos urgente da emoção, da sensibilidade, para que possamos ter tudo aquilo que desejamos: respeito, tolerância, paciência, humildade; precisamos educar através das artes nas múltiplas disciplinas.
Numa rede que propõe o ciclo autoral, o aluno precisa do ensino das artes aliado a todos os outros saberes. E os outros saberes precisam da criatividade bem-vinda dos profissionais de artes.
Vamos dar voz à interdisciplinaridade, não podando as várias expressões de artes. Não somos recreação, somos a alternativa para desconstruir a educação para uma

sociedade que se expresse e compreenda as artes não somente como palavras, mas como um todo para a criação.
O tempo tá acabando TIC-TAC, tic-tac.
Ouçam o lamento dos profissionais de educação.

O QUE FAZEMOS E O QUE REIVINDICAMOS PARA O ENSINO DE ARTES

Bruno Sciuto

Com o objetivo de ouvir os professores de artes sobre o ensino que fazem acontecer nas escolas da rede municipal de São Paulo, fiquei responsável por ouvir um grupo de 13 professores na manhã do dia 16 de agosto de 2015, como uma das atividades do encontro realizado pelo Instituto de Artes da Unesp e pela Secretaria Municipal de Educação de São Paulo.

O diálogo iniciou-se com uma breve apresentação de cada professor, e expliquei que o objetivo do encontro era ouvir sobre como eles estavam desenvolvendo o trabalho de arte/educadores. O clima era de descontração e confiança. Penso que a abertura do encontro, com um grupo de Maracatu, provocou um despertar e um clima de acolhimento que muito ajudou no aquecimento das professoras para conversarem a respeito de seu trabalho.

No primeiro momento, realizamos um diálogo de apresentações, no qual cada um pode expor as próprias ideias e aspirações. Em seguida, pedi que fosse feita uma divisão em grupos menores para que pudessem registrar por escrito as experiências do grupo. Apresentei, também, algumas questões para que fossem respondidas:

1. Qual a formação inicial de cada um?
2. Em que nível de ensino atuam?
3. Quais as linguagens artísticas que desenvolvem com os alunos?

4. Como trabalham e quais as dificuldades?
5. O que fazem e o que idealizam para o ensino de artes?

Com base nas respostas, temos o seguinte quadro e um panorama sobre alguns aspectos do ensino de artes praticado por esse grupo de professores. Temos, ainda, o que reivindicam para melhoria das condições do ensino de artes nas escolas municipais.

A maioria tem formação em artes visuais ou plásticas e leciona no Ensino Fundamental I e Fundamental II. No quadro 1, o Ensino Fundamental I aparecerá como EF I e o Fundamental II como EF II.

Quadro: Formação, nível em que atua, linguagens que desenvolve

Professor	**Formação**	**Nível**	**Linguagens**
1	Artes plásticas	EJA	Visuais, Dança Teatro, Música
2	Artes plásticas	EF I	Visuais, Dança Teatro, Música
3	Música	Não tem sala	Visuais, Dança Teatro, Música
4	Pedagogia	EF I	Visuais, Dança Teatro, Música
5	Artes visuais	EF I	Visuais, Dança Teatro, Música
6	Artes visuais	EF I e EF II	Visuais, Dança Teatro, Música
7	Artes visuais	EF I e EF II	Visuais, Dança Teatro, Música
8	Artes plásticas	EF I	Visuais, Teatro Música

9	Artes plásticas	EF I	Artes plásticas, pouquíssima música, expressão corporal
10	Artes visuais	EF I	Artes plásticas e cênicas
11	Artes cênicas	EF I e EF II	Visuais, Teatro Música
12	Artes visuais	EF II	Visuais, Teatro
13	Artes visuais	EF I	Visuais, Teatro Música

Uma professora relata que trabalha com as séries iniciais um projeto de pintura e desenho. Primeiro com lápis de cor, no processo de desenho de observação de figuras feitas na lousa pela professora. O trabalho tem gerado grandes resultados, inclusive a melhora da caligrafia das crianças, segundo a professora.

Outro professor relatou que, em 2014, trabalhou com música. Primeiro foi trabalhado o ouvir, em seguida a escrita, o canto e a percussão. Além de apresentar diferentes linguagens musicais, o professor também conseguiu observar bons resultados em termos da disciplina dos alunos. E esse professor quer saber como ir além, como tirar os alunos da passividade e transformá-los em sujeitos autorais, que comparam e produzem música.

Trocamos sugestões sobre como trabalhar contextualizações das músicas e como aliar artes visuais e musicalização. Uma das professoras do grupo relatou que vem desenvolvendo um exercício no qual os alunos desenham enquanto ouvem música.

Outros professores relataram projetos interdisciplinares em pareceria com professores de História, Geografia, Ciências e Língua Portuguesa. Fazem também parcerias com os responsáveis pelas Salas de Leitura das escolas.

Procuram utilizar diferentes mídias como tablets, TV, computadores, projetores de imagens, aparelhos de som.

Procuram fazer intercâmbios com diferentes instituições culturais: museus, projetos culturais que acontecem em espaços públicos diversos — praças, ruas, parques. Realizam mostras culturais.

Afirmam que encontram dificuldades em termos dos espaços escolares. A maioria das escolas não contam com salas ambiente. Chegam a utilizar laboratórios de Ciências adaptados para artes.

Relatam que se empenham para trabalhar de forma compartilhada com os demais professores da escola, mas nem sempre é possível.

Afirmam que ainda usam predominantemente a lousa e o giz.

Reivindicam:

1. ampliação da carga horaria de artes, principalmente para o Ensino Fundamental I;
2. sala ambiente adequada com materiais e boa acústica, com multimídia, aparelhos de som, pranchas de artes;
3. formação para o professor em outras linguagens artísticas, oficinas, pois a maioria é formada em artes plásticas;
4. menor número de alunos por sala;
5. segurança, possibilidade de não ter que impor o respeito como regra;

6. condições efetivas para realização de projetos interdisciplinares;
7. instalação de processos colaborativos que envolvam a todos;
8. recursos materiais: multimídia, som, pranchas de artes;
9. maior participação em eventos culturais fora e dentro da escola;
10. convênios com instituições culturais;
11. analisar e buscar soluções para a questão da violência nas escolas;
12. melhoria das condições de trabalho e garantia de formação continuada;
13. viabilizar encontros entre professores de artes para trocas de experiências e estudos.

Com a escuta que realizamos junto a esse grupo de professores de artes, podemos afirmar que eles se empenham para trabalhar mais do que a linguagem das artes que estudaram como formação inicial; que tentam viabilizar um ensino que possa ampliar o universo cultural dos seus alunos, com projetos interdisciplinares e projetos extraescolares e que buscam parcerias que possam favorecer seu trabalho. Podemos afirmar também que eles sabem o que precisam para aprimorar sua condição de trabalho e que têm o que dizer em um processo de escuta como esse que realizamos e descrevemos aqui.

ESPERANÇA E PADECIMENTO: O ENSINO DE ARTES EM TERRITÓRIO DE CONTRADIÇÕES

Erick Orloski

A oportunidade de coordenar um dos grupos no encontro de professores de artes da rede municipal de São Paulo, realizado no Instituto de Artes em agosto de 2014, permitiu a constatação de que muitos motivos existem para nos sentirmos desolados frente à situação do ensino de artes e muitos motivos existem para que se vislumbre alguma esperança para a valorização das artes no currículo da educação básica e dos professores de artes.

A frase de uma professora do grupo, primeira a falar quando iniciamos esse momento que identificamos no encontro como escuta, talvez seja uma boa síntese geral: "O ensino de artes teve uma pequena melhora, mas falta muito...".

Segundo os professores, existem condições estruturais, como espaços e recursos didáticos, que ficam restritas a certas unidades como Centros de Educação Unificados – CEUs – e "escolas-modelo" com projetos pedagógicos diferenciados, como são os casos das escolas Amorin Lima e Campos Sales. Na maioria das unidades, as conquistas de espaços e recursos exigem muita insistência e persistência dos professores para enfrentamento dos entraves burocráticos. A falta de espaço para o trabalho com artes ou a dificuldade do uso do espaço escolar foi um reclamação generalizada nesse grupo. Outra afirmação confirmada por todos do grupo refere-se à inexistência de espaços de formação para professores de artes.

Alguns professores declararam ter dificuldades no diálogo com os alunos, sobretudo no que se refere a aceitarem o repertório dos alunos alicerçados na cultura de massa e na indústria cultural, como a valorização do universo *funk*. Revelam que a perspectiva intercultural ainda é um grande desafio. Sobre essa questão, outra parte do grupo afirmou que vem conquistando o diálogo e ampliação do repertório dos alunos, justamente por partirem da valorização do que se constitui o universo cultural dos alunos.

Mas acredito ser o mais triste o relato, praticamente generalizado, de que o lugar simbólico do professor de artes na rede municipal é exatamente o mesmo de 20, 30 anos atrás: isolado e desrespeitado pelos colegas e gestores, sendo motivo de chacota na escola por ser "burro de carga", carregando seus materiais, muitas vezes providenciados pelo próprio professor, sendo lembrado apenas para organizar eventos em datas comemorativas e decorações em geral.

Isto se choca com todo o avanço no que se refere à legislação e à pesquisa na área, que parece não impactar em nada, ou muito pouco, no universo da escola. Como contraponto a esta situação, não foram poucos os relatos de professores que conseguem romper este círculo vicioso, por meio de um exercício de autoafirmação muito grande na escola, envolvendo conflitos, negociações e parcerias com colegas. Há relatos de grandes conquistas por méritos individuais de alguns professores.

Não foram poucos os relatos de professores que, apesar das dificuldades, são felizes na profissão e conseguem manter um bom relacionamento com os estudantes, a ponto de perguntarem "por que você faltou ontem professor?". Tais relatos parecem "lírios no lodo", trazem alguma esperança, apesar de reforçarem a ideia das iniciativas individuais e não coletivas.

Apesar dessa conversa parecer, como disse um dos professores, apenas uma "sessão de descarrego", o grupo de uma maneira geral manifestou gostar de estar ali trocando ideias a respeito do ensino de artes, justamente por sentirem falta de tal espaço na rede municipal de educação de São Paulo.

A iniciativa de o Instituto de Artes da Unesp promover um encontro com professores de artes da rede municipal de São Paulo pode ser entendida também como o indício de um movimento para a criação de um espaço político e pedagógico capaz de qualificar o ensino de artes resultante do esforço e organização coletiva de educadores e pesquisadores, resultante, também, de parceria entre educação básica e universidade.

A FALA DOS PROFESSORES DE ARTES: NECESSIDADES E SUGESTÕES

Silvana Lapietra Jarra

No encontro com professores de artes da rede municipal de São Paulo, precisamente na manhã de 16 de agosto de 2014, coordenei um dos subgrupos de professores para o primeiro momento de escuta sobre o relato deles a respeito do ensino de artes que cotidianamente desenvolvem nas escolas municipais. Após apresentação da proposta de trabalho, os professores foram convidados a se apresentar para o grupo respondendo à seguinte pergunta: "Como você desenvolve a sua aula de artes na Rede Municipal?". Minha única preocupação era garantir a todos o direito de falar, evitando que algumas pessoas monopolizassem a conversa. Além disso, a pergunta inicial era retomada vez por outra, objetivando adentrar em questões da aula de artes propriamente dita. Era notória a angústia dos professores para que fossem escutados.

A primeira professora a se apresentar começou exatamente assim:

> *Vim a procura de algo diferente, de um horizonte diferente, a sala de aula tá muito difícil. NÃO TENHO QUEM QUEIRA ME OUVIR. Os alunos já não ouvem mais. Trabalho em duas escolas diferentes. Mas os problemas são os mesmos. É uma angústia constante ter o retorno apenas de quatro ou cinco alunos.*

As narrativas são de muita dor e de não saber o que fazer diante de problemas relativos à superestrutura, aos materiais, aos recursos humanos, ao relacionamento com os professores de outras disciplinas e modalidades. Relataram ainda dificuldades na relação com professor polivalente nos ciclos iniciais do Ensino Fundamental. Com destaque para a palavra “falta”, disseram:

> *Vivemos a falta de ambiente propício para a aula de artes (ateliê), a falta de entendimento sobre o trabalho realizado pelo professor de artes e a incompreensão sobre as criações dos alunos. Vivemos dificuldades quanto à metodologia, à gestão da aula e em relação à gestão da escola, com difícil diálogo com coordenadores e diretores.*

Cabe destacar que, no grupo, havia professores com bastante tempo de magistério (mais de 20 anos) e professores iniciantes (em período probatório, com 2 ou 3 anos de Prefeitura).

No entanto, como nem tudo é tristeza e dor, algumas falas foram bastante potentes em vida, criação e esperança. Havia no grupo alguns professores, que embora fizessem algumas denúncias, fizeram também o anúncio de muitas possibilidades por eles vividas e construídas nas escolas em que trabalham.

Cabe registrar que os professores relataram gostar de dar aula de artes, inclusive aqueles que apontavam muitas dificuldades no trabalho. Alguns professores narraram o quanto lutaram para chegar a ser professores de artes. Uma professora contou que iniciou sua trajetória como inspetora de alunos.

Destaco as dificuldades relatadas pelos professores:

1. Dificuldade para lidar com problemas disciplinares;
2. Dificuldades para lidar com alunos de diferentes faixas etárias, dos cinco aos sessenta anos;

3. Dificuldade no trabalho com os adolescentes e com os pequenos dos 1ºs e 2ºs anos do Ciclo de Alfabetização – Ciclo Inicial. Os professores afirmam que acham as crianças adoráveis, mas não sabem como lidar com elas, não sabem o que fazer com elas. Dizem que em sua formação inicial possuem lacunas na graduação que fizeram em artes, que não estudaram sobre crianças, sobre como ensinar artes para as crianças. Um professor em início de carreira relata que as crianças pequenas ficam puxando sua roupa, pegando nele e que ele não sabe o que fazer;
4. Dificuldade para serem compreendidos e respeitados por professores de outras áreas, modalidades e disciplinas;
5. Dificuldades na docência compartilhada e, sobretudo, na integração com os professores polivalentes (Ensino Fundamental I e Educação Infantil). Segundo o relato dos professores de artes, o professor polivalente dispensa os alunos para a aula de artes como se fossem "pacotes", e dizem: "*Agora, 'eles'* [*os alunos*] *são todos seus!*", e que tais professores não se interessam pelo que vai ser desenvolvido pedagogicamente na aula de artes. Relatam ainda que os professores polivalentes têm privilégios na organização do horário – entram mais tarde e saem mais cedo;
6. Dizem viver angústia para lidar com o tempo da aula: uma única aula semanal de 45 minutos;
7. Desenvolvem predominantemente atividades/conteúdos relacionados às artes visuais, formação inicial da maioria, e declaram possuir pouca formação para trabalhar com outras linguagens, tais como: música, teatro e dança;

8. Reivindicam ateliê ou espaço apropriado para a aula de artes;
9. Grande parte dos professores leciona na rede municipal e na rede estadual, o que acarreta sobrecarga de trabalhos e pouco tempo para preparo e estudos;
10. Reclamam que os alunos não valorizam a aula, que a família é ausente, que os pais não participam, são omissos na vida escolar de seus filhos e que não comparecem às reuniões de pais.

Além do destaque de dificuldades, os professores comentaram situações que indicam a busca de soluções dos problemas apontados.

Dois professores teceram considerações sobre as possibilidades por eles construídas para acolher pais e alunos, ponderando que a reunião de pais que realizam não tem como objetivo *falar mal* dos alunos, que recebem os pais com café e bolo.

Uma professora fez um relato da experiência exitosa de gestão na escola onde trabalha. Segundo esta professora, a escola possui Projeto Político-Pedagógico gestado e construído com a participação da comunidade.

> *Não tenho fogueira para fazer clima de roça para receber os pais de meus alunos, mas tenho retroprojetor para projetar a imagem de uma fogueira. Coloco uma toalha de chita e faço um café de roça com e bolo de milho para acolher os pais na reunião.*

Essa mesma professora relata que foi mãe de alunos nesta mesma escola, e que é professora dos filhos de amigas e vizinhas, mora no bairro e participa da vida dos alunos na comunidade. Por outro lado, houve professor que relatou não gostar de trabalhar no bairro em que mora, porque não deseja estar tão próximo assim da comunidade, contrapondo-se à fala dos professores que valorizam morar na comunidade onde lecionam. Admitem que o apoio da equipe gestora é fundamental, seja no desenvolvimento/reconhecimento do trabalho, seja na aquisição dos materiais. Dizem que existem materiais que podem ser comprados pela escola. Os professores discutiram sobre a qualidade dos materiais que vem nos *kits* da Prefeitura e daqueles adquiridos com as verbas da unidade educacional. Uma professora relatou que leva material de uma escola para a outra. Outra professora relatou que o diretor da escola dela consulta os professores antes de decidir como a verba será utilizada e sugeriu que os professores levassem esta prática para as suas escolas.

Sobre os alunos, ressaltaram que eles adoram a aula de artes! Os professores gostam disso. Gostam de estar ali. Uma professora afirmou que os alunos que tiveram aula de artes desde os primeiros anos do Ensino Fundamental serão diferentes no futuro.

De outro lado, dizem que existem alunos que acham que na aula de artes pode-se fazer tudo, sem limites, e fazem muita bagunça. Os professores refletem a respeito e dizem que os alunos reagem assim porque é na aula de artes e na de educação física que podem "ser" eles mesmos, criando, inventando e solucionando problemas.

Chegaram a comparar as condições de trabalho nas diferentes redes em que atuam, reconhecendo que uma rede poderia aprender com a outra trocando soluções.

Por fim, um professor voltou à pergunta que originou a nossa conversa sugerindo que ampliássemos esta formação, garantindo um encontro para discutir sobre metodologias utilizadas em aulas de artes. Sugeriu um segundo encontro para tratar de metodologias de ensino.

Como conteúdos para formação continuada, sugerem:

- Gestão da aula de artes.
- O trabalho com crianças pequenas, a interação dos pequenos com os maiores.
- Gestão da Escola (direção, coordenação, supervisão).
- Construção do Projeto Político-Pedagógico e o Professor de Artes.
- O espaço e o tempo da aula de artes.
- O professor de artes e a integração do currículo.
- A construção de vínculos.
- A participação das famílias.
- O assistencialismo ou a assistência?
- Carga horária e matriz curricular.
- Formação permanente do professor.
- Formação permanente da equipe gestora.
- Ateliê ou escola como um grande ateliê.
- O trabalho com as múltiplas linguagens: teatro, cinema, artes visuais, música, dança.
- Metodologia de trabalho em artes.

Para finalizar, sintetizo as sugestões a serem consideradas para melhoria do ensino de artes:

1. Os professores de Educação Infantil da rede municipal poderiam ajudar os professores de artes a lidarem com as crianças pequenas porque têm condições de falar sobre a Psicologia, a Sociologia da Infância, Culturas de Infância. Atualmente, há na rede municipal encontros de formação que objetivam a

integração do Ciclo Inicial do Ensino Fundamental com a Educação Infantil.

2. No Programa Mais Educação São Paulo, o professor de artes é um dos responsáveis pela integração de áreas, disciplinas e projetos. Há que se pensar nisso na perspectiva da formação de professores e gestores por se tratar de problema de gestão curricular que envolve professores, gestores e formadores no âmbito de DRE e SME. Como garantir tratamento interdisciplinar se a aula de artes não é valorizada por todos?
3. Aumento da carga horária de artes e de construção de ateliês ou espaços específicos para aulas de artes. Trata-se de realizar ampla discussão a respeito do currículo, da organização do espaço e do tempo e, também, das necessidades específicas para música, dança, teatro e artes visuais.

REL(ATOS) DE PROFESSORES DE ARTES

Giuliano Tierno de Siqueira

A proposta foi a de ouvir. Mais do que ouvir, a proposição foi a de escutar. Dizem (tantos que não saberia nomear se estes sujeitos são homens e mulheres de senso comum ou respeitadíssimos intelectuais) que escutar é mais do que ouvir. Dizem (idem à análise anterior acerca dos sujeitos da oração) que ouvir é ouvir e pronto. Dizem (idem) que escutar é escutar... e escutar, e escutar, e deixar a escuta escutando, escutando... numa abertura para o arcano, para o infinito de sons e sentidos que nascem do dito de cada um que diz o que diz. E na radicalidade de assumir aos próprios ouvidos de que todos que dizem sempre dizem alguma coisa que merece ser escutada. Foi assim que começou o nosso encontro: a proposição/tentativa foi a de escutar todos os professores de artes sem inferências, sem dizer se o que estava sendo dito poderia ou não ser dito, sem "corrigir" o dito com um pensamento mais preciso, mais justo, com substituições de sentido. A proposta/tentativa foi a de escutar, anotar e deixar claro que eu era um relator. Que eu tinha uma posição: a da relatoria. Eu estaria ali para escrever o que pudesse nascer da pergunta que fiz: *"O que acontece nas aulas de artes nas escolas da rede pública municipal de ensino?"*. E ainda um reforço: *"Vamos fazer o exercício de pensar no que acontece e não no que deveria acontecer"*. E assim foi: nasceu o nosso relato que segue em dois atos.

Primeiro Ato: Elogio à relatoria

Relato
Rela-o-ato
Toca-no-ato
É um outro ato
Que nunca é à toa
Sempre entoa
É um tom
Escrever é dar um tom a alguma coisa que se escuta ou se "houve" (do verbo haver).

Segundo Ato: Tentativa de dizer o escutado e "houvido"

Relato 1

> *Os alunos são afastados da escola. Eles buscam o Bolsa-Família, o bolsa leite, o bolsa etc. Não há interesse dos alunos na aula, eles só ficam no celular. A única forma que eu encontro para chamar a atenção dos alunos são com trabalhos manuais, crochê, artesanato.*

Lágrimas da professora que diz. Silêncio na dor, da dor.

No mesmo relato, outra forma de escutar o "houvido"

Na primeira fala, o paradoxo tecnologia e "trabalhos manuais". Eles não querem nada com nada, mas querem alguma coisa que a professora, depois de dizer mais e mais sobre ela, diz que é o que ela aprendeu com a mãe, que é o que ela conhece da infância, que é a experiência dela. Mas que talvez seja tão desvalorizada (esta experiência) nos cursos de formação de professores de artes que ela chora.

Relato 2

> *As professoras do Fund. I pedem coisas alheias ao ensino de artes. Há um folclore na escola de que o professor de artes é um decorador. É preciso que o professor e as políticas públicas em educação demarquem um espaço para que o ensino de artes seja visto como área de conhecimento. Há que haver um movimento do professor de artes colocar-se profissionalmente no espaço da escola. Acho que um caminho para isso é que o professor converse mais com os seus pares. Conversas com pessoas ajuda a fortalecer posições. Tenho 56 anos. A idade também ajuda. Jovem tem força e muitas ideias, mas tem pouco corpo quando do choque com o real.*

No mesmo relato, outra forma de escutar o "houvido"

Este choque pode endurecer ou contribuir com a experiência. É preciso falar mais sobre o choque.

Relato 3

> *Eu vim do morro. Isto me ajuda. Batalhei por uma sala de artes. Insisti por um espaço reservado para as aulas de artes. Eu cheguei um dia na escola e disse para as crianças: "Este aqui é o nosso canto a partir de agora". Todo mundo pode usar, mas aquele espaço é das artes. Um espaço físico, apropriado para as Artes contribui para o processo de ensino da disciplina.*

No mesmo relato, outra forma de escutar o "houvido"

É fundamental e urgente a criação de Salas Ambientes para ensino de artes. A criação de ateliês para as múltiplas linguagens da artes. Esta manifestação foi recorrente.

Relato 4

O mais importante que existe no ensino, no âmbito escolar, é a relação sinérgica professor/aluno. Quanto melhor a estratégia, melhor a realidade. Os professores são o coração da escola. Eles carregam a chave principal para abrir o conhecimento: o diálogo. Nós estamos esquecendo esta chave em casa muitas vezes, por isso também a agressividade na escola. Eu tenho que tirar o celular da mão dos alunos quando eu vejo que isto está dispersando a atenção, tirando o foco, mas eu não posso esquecer que eu também uso celular e que sou bem parecido com aquele aluno em situações como aquela. Uma conversa ao pé do ouvido pode aproximar o interesse do aluno pelo objeto de estudo. O aluno só propõe algo se há ambiente para tal. Se eu nego uma proposta do aluno, ele também irá se negar. A sala de aula pode ser uma prisão para alunos e professores. Só quando a gente encontra saídas é que a gente materializa para nós e para os alunos que aquele lugar não é prisão, pois podemos sair e entrar conforme o fluxo do conhecimento. O professor de artes trabalha antes de tudo com a matéria do pensamento, as outras materialidades são a reboque.

Relato 5

O cotidiano e as agruras da vida invadem o fluxo do conhecimento o tempo inteiro. Eu tento ouvir. Existe a mídia e ela é implacável com o nosso pedaço de giz. Ela coloca na frente das crianças o funk e retira toda a sua historicidade, ela entrega o resto. Cabe aos professores falar que aquele resto pertente a uma coisa maior. Pensando nisso, eu levei para os meus alunos um documentário sobre o funk que se chama "Dos pés à cabeça". Depois fizemos uma exposição fotográfica sobre o funk. Tudo na escola é negociação. Na hora que eu vou falar, você se cala; na hora que você fala, eu me calo.

Relato 6

Há muita rotatividade de professores nas escolas do município. Os professores raramente ficam anos na mesma escola. Eu percebo que quanto maior a rotatividade do professor, mais difícil o ensino de artes naquela escola.

Relato 7

Acho que as escolas dão preferência ao ensino de artes Visuais porque elas não necessariamente são linguagens performáticas, não precisam estar todos juntos. Acho que teatro e música, que são linguagens por natureza performáticas, dependem de uma sinergia que raramente se encontra nos períodos ordinários que a escola propõe.

Relato 8

A escola tem recebido valores invertidos. Eu trabalho com Cieja. Lá eu nunca esqueço que há a minha urgência e a urgência do Outro. Sim. Para eles, as artes são quase uma afronta. Explico: aquilo pertence ao aluno? Claro que não. Ele não está nem autorizado a entrar em museus, exposições, galerias de artes então? Para que serve? Ele tem uma urgência: ler e escrever. Portanto, acho que o papel do professor é sempre escutar primeiro esta urgência e negociá-la com a sua própria urgência.

Relato 9

As aulas de artes são muito curtas. 45 minutos para Fund. I e 90 minutos para Fund. II. Isto é pouquíssimo tempo. Estar pouco tempo com os alunos pode significar diminuir o espaço de atuação e demarcação deste campo do conhecimento. Desafio da escola neste momento: abrir um espaço digno de trabalho, pois a nossa área do conhecimento lida com materiais e não é possível que o professor seja um carregador de um montante imenso de materiais de cá pra lá e de lá pra cá, como um carroceiro.

Relato 10

Há um grande problema na atualidade. Há um interesse dos alunos que é inicial, mas a concentração é algo muito fugaz. Cada vez mais. Isto é refletido no próprio uso de materiais e no seu desperdício. Há uma falta de cuidado generalizada no uso dos materiais por parte dos alunos. E isto pra mim tem a ver com a concentração, com a atenção no que se está fazendo. Este cuidado só acontece quando temos uma sala ambiente e o professor faz a mediação neste cuidado com os materiais. Deixando os mesmos no ateliê, disponível para o uso no ato de criação. Desta forma, o cuidado com os materiais e a valorização da produção dos alunos, valorizar cada gesto do aluno, aos poucos vão construindo um olhar mais cuidadoso para o fazer artístico.

Relato 11

Professor de artes hoje tem que ser muito versátil. É impossível uma pessoa só trabalhar com uma gama de idades e linguagens tão diversa assim.

Relato 12

Ser professor de artes requer uma pessoa com um senso de organização muito grande. Mas a polivalência (das idades e linguagens) é um problema e atravessa esta nossa organização. São demandas muito diversas e que dependem de uma variedade de materiais e espaços que, da forma como o currículo e o projeto escolar estão organizados, são quase impossíveis de serem realizados na prática.

•

Relato 13

> *Eu me conflito todos os dias com as professores polivalentes do Ensino Fundamental I. Eu também.*

No mesmo relato, outra forma de escutar o "houvido"

Houvido como licença poética no lugar de havido, como aquilo que houve. O que houve abarca o ouvido, aquilo que se ouve. Houvido como fusão de haver e ouvir.

Todos convenceram-se que sim. A causa que apareceu: uma disputa pelo espaço. Limpar a sala leva às vezes o tempo da aula de 45 minutos. A causa que apareceu: ausência de parceria. Cada um está num projeto. A causa que apareceu: Olham o professor de artes como o decorador das efemérides. A causa que apareceu: um tantão de causas.

ESCOLHAS E FALAS COMPARTILHADAS

Carlos Eduardo Fernandes Jr.

Mediar espaços de falas compartilhadas por professores, que vivenciam diariamente os mesmos desafios em múltiplos espaços educacionais na cidade de São Paulo, exige inicialmente o reconhecimento de cada um como sujeito histórico em diálogo com os desafios de seu tempo. No breve relato a seguir, encadearemos a riqueza da discussão que vivenciamos na sala 201 do Instituto de Artes da Unesp-São Paulo.

Partimos das apresentações realizadas por todos os presentes (12 arte/educadores ao todo), e ao perguntar--lhes sobre como eles têm se encontrado com o ensino de artes em suas unidades, a primeira rodada de respostas se dedicou a apontar as dificuldades da formação da jornada do professor de artes da rede municipal de Educação. Os presentes afirmaram que em geral apenas um dos professores da unidade de ensino (UE) consegue completar a jornada de 25 h/aulas por semana com turmas atribuídas, podendo realizar a chamada jornada especial integral de formação (Jeif) que permite a discurssão com o grupo de professores da UE sobre as ações coordenadas e os estudos que objetivam a ampliação das ações realizadas no momento, atribuindo-lhes sentido e fundamentação.

Esta situação faz com que muitos professores se posicionem no cargo como professores que realizam complementação de jornada (CJ), ou não possuem turma alguma atribuída, sendo que nesta situação o professor é chamado de módulo. Com isso, sem a prática diária, nem sempre conseguem se dedicar àquilo a que se prepararam. Os professores apontam que esta situação poderia ser vencida se a rede municipal de educação de São Paulo (RMESP) ampliasse o número de aulas de artes para os estudantes do 1º ao 5º anos, séries que atualmente contam com apenas uma aula por semana. Nos demais anos do Ensino Fundamental (6º ao 9º anos) há duas aulas por semana de artes. Na fala dos professores, houve a problematização sobre o entendimento da RMESP sobre o que há de fundamental em um currículo que atribui mais valor para língua estrangeira (os professores de Inglês trabalham com duas aulas por semana do 1º ao 9º anos do Ensino Fundamental) e educação física do que para o currículo que permite aos estudantes explorarem as múltiplas linguagens produzidas pelos seres humanos. Houve o pedido pelos professores de que poderia ser criada uma docência compartilhada pelos professores de artes e o professor regente (pedagogo) para que esta situação fosse ao menos equiparada aos demais componentes curriculares.

O apontamento dos desafios da constituição das jornadas de trabalho dos arte/educadores reflete um estado solitário de constituir-se como professor. Destacadamente o ensino de artes não se vê em estado de paridade com os demais componentes curriculares da escola na medida em que o ensino de artes configura-se como o local de atuação mais difícil de compor jornada ao longo do Ensino Fundamental. Este é um desafio imediato para a garantia de práticas docentes condizentes com as condições desejadas sobre o ensino das linguagens de artes.

Ao serem perguntados sobre as suas práticas, os professores passaram a falar da falta dos materiais que é comum aos professores de Artes. Relataram a dificuldade em negociar com as direções da UEs a compra de materiais que possam ser utilizados em sala de aula. Os professores passaram inclusive a problematizar os meios de financiamento da educação, apontando que os gestores das UEs não sabem como utilizar o dinheiro conseguido com o programa Mais Educação do Ministério da Educação que envia dinheiro direto para as escolas e determina que a rede de ensino acompanhe a comprovação dos gastos e o uso do dinheiro público. Relataram que historicamente os diretores têm medo de se dedicaram a estes gastos por temerem a necessidade de devolução de grandes quantias, já que não conhecem os critérios para os gastos com cada projeto na escola. Alguns arte/educadores se posicionaram sobre a necessidade de ocupar os·Conselhos de Escolas, levando para a comunidade escolar a necessidade de qualificar o material que é utilizado em sala de aula, constituindo-se um professor que problematiza as escolhas da escola e pede transparência na definição dos gastos das unidades com os materiais de cada área.

A discussão não se deu de forma linear, fazendo com que alguns passos fossem dados em direções contrárias. Após a problematização do financiamento da educação e o uso das verbas nas melhorias dos espaços e das práticas dos professores, os arte/educadores relataram o quão sozinho encontram-se em suas unidades, sem espaços para conversarem com os demais professores e que raramente conseguem encontrar o outro professor de artes para dialogarem sobre o que estão vivendo e construindo em seus encontros com os estudantes. As escolas procuram formas de criar redes de discussão com os professores, mas todas elas escamoteiam a grande dificuldade de colocar os professores para a construção de projetos no interior das escolas. Grupos no Whatsapp, grupos no Facebook e grupos de *e-mails* são algumas dessas formas, mas nada supera o encontro dos que estão presentes diariamente nas Jeifs, fazendo com que os demais estejam a reboque das decisões de um pequeno grupo. Nessa perspectiva, aspectos importantes do Programa Mais Educação São Paulo não podem ser discutidos pelos professores. Poucos apresentaram domínio sobre o assunto, mas entendem que o que está posto modifica a forma de trabalharem e os colocam no sentido de articuladores de projetos. Como os professores articulam-se com projetos acabou se tornando a tônica das falas, principalmente na tentativa de estabelecer um currículo autoral, um dos objetivos da proposta curricular desta gestão. Porém os arte/educadores afirmaram que as portarias não modificam radicalmente as suas aulas, sendo que o cotidiano das aulas continua o mesmo.

Alguns professores revelaram conhecer outras propostas de currículo elaboradas por escolas de forma autônoma, apresentando a necessidade da superação do que é vivido atualmente nas escolas da rede municipal de educação de São Paulo. Escolas municipais como a Presidente Campos Salles, Desembargador Amorim Lima, Presidente João Pinheiro e as Unidades Educacionais, que trabalham com a Educação de Jovens e Adultos (EJA) modular, revelaram a participação dos estudantes na construção deste espaço de conhecimento e pesquisa. Os professores afirmaram que as escolas com estas configurações têm uma evasão muito menor que as demais, e os estudantes festejam a cada passo dado pelo grupo, em um reconhecimento diário dos desafios que são ultrapassados: *"Estamos vivendo um momento de emancipação"* e *"A proposta de trabalho colaborativo Autoral (TCA) tem colocado as escolas nessa condição"*; relatam as arte/educadoras presentes.

A seguir, os professores relataram como estão trabalhando com projetos em suas unidades e o quanto a Coordenação Pedagógica e a Direção nem sempre colaboram com a construção das ideias, pois não é comum objetivarem acompanhar o processo educacional, mas, sim, garantir a aula dentro do espaço da sala de aula, com a menor circulação de alunos possível pelo espaço, pois esta ação "só traz problemas". Afirmam que quando os arte/educadores relatam que é preciso definir o currículo junto com os estudantes, principalmente para construção dos trabalhos colaborativos autorais, ouve-se: *"Não dá tempo de ouvir os estudantes! Temos que fazer isso antes do ano acabar!"*.

Esta fala de uma arte/educadora inflama o grupo a respeito das tentativas de ouvir os estudantes. Um dos relatos que trago a partir das falas dos presentes se deu na Diretoria Regional de Educação de Santo Amaro. A Professora Orientadora de Informática Educativa (Poie) pediu para os estudantes tirarem fotos do bairro. Essas imagens foram exibidas na Jeif e os professores entenderem que o lixo saltava aos olhos e elaboraram um plano de trabalho com os estudantes. A professora de artes estabeleceu um trabalho com base nas ideias de VIK Muniz. Outros relatos surgiram sempre do ponto de vista das artes visuais.

Outra experiência compartilhada foi a constituição de assembleia de uma UE em que os estudantes defenderam as suas ideias e definiram quais os temas pesquisariam. Os professores apresentaram seus limites e definiram em assembleia o que trabalhariam.

Outro relato da arte/educadora da região do Jaçanã estabeleceu o início de projeto no contraturno dos estudantes, com um grande número de estudantes bolivianos matriculados. A escola convidou todos os estudantes e iniciou com poucos presentes, dentre eles um estudante boliviano. Com o passar do tempo passaram a vir outros alunos da comunidade boliviana. A professora se realiza profissionalmente no projeto, pois está em módulo e começou um trabalho com o projeto de artes no contraturno, já que não tem aulas atribuídas no turno em que atua com os estudantes. É importante dizer que o grupo qualifica os estudantes bolivianos por serem disciplinados. No entanto, não apresentam reflexões sobre os diálogos multiculturais, ou o reconhecimento do repertório experiencial destes estudantes.

Este relatos dos arte/educadores revelam como cada escola em diálogo com a sua comunidade organiza os encontros diários com os estudantes. Há uma diversidade das experiências na rede de ensino paulistana que exige uma investigação cuidadosa, sem generalizações, pois as realidades são radicalmente diferentes, tal como se compararmos uma escola que está inserida no bairro do Pari com uma escola às margens da represa do Guarapiranga. O ensino de artes não está alheio a esta situação.

A aproximação para as falas sobre as práticas ainda precisava de mais tempo para que os arte/educadores pudessem se sentir confortáveis para abrirem as portas de suas salas. Dessa forma, o assunto era sempre tangenciado, porém com falas não menos importante. Em meio a essa aproximação, um dos arte/educadores relatou a importância da participação dos professores nos editais de financiamento da produção artística, tanto pelo governo municipal como estadual ou federal. No momento os funcionários públicos não podem concorrer a estes editais e passam a não ter meios próprios para investirem em suas produções artísticas que também trariam qualidade para as aulas, pois teríamos uma rede que faz artes e ensina artes. O professor acrescenta que apenas as pessoas das secretarias da Cultura estão envolvidas com as discussões pertinentes à área, e que a Secretaria de Educação não participa de importantes escolhas da cidade de São Paulo e passam a estar a reboque do que as políticas culturais determinam. Os professores desejam participar.

A única professora presente que também atuava com a Educação Infantil no grupo reforçou a reivindicação do professor, afirmando que na escola em que trabalha todas as atividades se dão a partir das artes, e constata que muitas vezes escolarizamos essa produção. Precisamos pensar mais nas relações com o mundo, daí a importância dos arte/educadores participarem das discussões a respeito da cultura.

Depois de muitos rodeios, conseguimos chegar nas escolhas que fazemos no dia a dia do arte/educador. Algumas professoras relataram que trabalham a partir de elementos da história das artes e que já não encontram mais os pedidos reiterados de decorar a escola, ou trabalhar a partir das datas comemorativas do calendário letivo. Este trabalho com a história das artes é acompanhado por trabalhos que são de ordem prática e objetivam avaliar a apropriação dos estudantes a respeito do que foi ensinado. Um dos professores ressaltou que estes trabalhos devem estar inseridos no contexto dos estudantes.

Outra professora reconheceu a mesma vertente, mas não conseguiu avançar na superação do modelo de artes baseado em desenhos e pinturas. O acesso aos materiais é difícil e as possibilidades de atuação passam a se resumir ao caderno de artes.

Seguem algumas falas recortadas da escuta:

> *Com os estudantes dos anos iniciais procuro trabalhar com elementos visuais, pensando sempre em novos artistas. Sinto sempre falta de referências da área de música.*

> *Não temos muitos materiais que possam enriquecer o processo. Não temos livros, não temos imagens, não temos o acesso às mídias.*

Os professores revelaram um material que a rede estadual de educação disponibilizou. Trata-se de pranchas de pinturas que compõem um repertório modernista na década de 1990 e que até hoje estão em uso. São retomadas as falas de que a compra de materiais para aulas de artes nunca são consideradas pelas gestões das unidades, e outros professores fizeram o contraponto, dizendo que o professor precisa se empenhar nesse processo, pois há uma acomodação dos arte/educadores que não insistem nos propósitos de suas aulas e se contentam com o pouco que têm à disposição, haja vista a conquista das sala ambientes que ainda não são comuns a todos os arte/educadores da rede, apesar de diversos documentos dedicados às artes já terem definido a importância da definição desse espaço para a sala de artes. Os professores presentes respondem que se isso não estiver em uma portaria, não será cumprido por todas as escolas que só reconhecem a lei.

Outro responde: *"A sala ambiente é algo, tem que tomar posse. É briga diária. Os estudantes gostam de ter os espaços"*.

Nessas falas revelam-se algumas contradições. A direção só reconhece as leis e os professores afirmam que a Secretaria não escuta os professores e define leis que não irão se realizar na prática. Negam-se as portarias, pedem-se as portarias. Ainda temos muito o que conversar a respeito.

Para finalizar esse relato cruzado, ficou explícito nas falas de todos os presentes a importância do encontro organizado pela Unesp pelo seu grupo de pesquisa. A solidão do professor é interrompida por essas fala e trocas. Há um cuidado com os arte/educadores que não costuma ocorrer nos demais dias de trabalho. Há um pedido de permanência destes encontros, pois isto ressignifica as suas práticas.

OFICINAS

2

ENTRE A ESCRITURA E O BORDADO

Angela Castelo Branco Teixeira

O fio que une os acontecimentos do Ateliê de Palavras e Bordados, realizado no encontro de formação de professores de artes da Unesp em agosto de 2014 (foram dois encontros com participantes diferentes), tem início na minha prática solitária de escrita. No gesto silencioso de escrever sem rumo certo, sem intenção de narrar, representar ou descrever algo. Escrever, apenas. Para que as palavras antes soltas no pensamento possam compor sentidos. Neste gesto, aos poucos os cadernos vão sendo preenchidos e pensamentos materializam-se.

Foi num destes cadernos que pequenos textos poéticos começaram a surgir. Mas não uma escrita poética da qual eu estava acostumada a produzir, ou seja, uma escritura do meu lugar de conforto. Eram frases com palavras justapostas, inventadas, tecendo um significado outro, não único, e sim ambíguo e diverso. Diante desta estranheza de sentido, estes textos solicitaram-me um suporte diferente do papel. E foi o tecido que acolheu esta escritura. Passei a bordar estes textos. O tecido era o papel, e a agulha, o lápis.

A palavra "escritura" dialoga neste texto com o conceito do pesquisador e escritor Roland Barthes. Fazendo uma distinção entre a *escrita* e a *escritura*, Barthes (2007, p. 20) afirma que *a escritura faz do saber uma festa*, ou seja, se encontra em toda a parte onde as palavras têm sabor. Enquanto a escrita está mais voltada para a representação, a escritura estaria mais próxima da apresentação, dito de outro modo, a escrita seria a imersão e a legitimação de um dizer único e hegemônico, pautado numa determinada realidade e que teria, portanto, um formato/conteúdo prévio e conhecido pelos cânones do saber; por outro lado, a escritura seria a fundação de outro dizer, muitas vezes não conhecido do ponto de vista da forma/conteúdo e que, ao provocar um estranhamento na língua, abriria a possibilidade de um dizer singular, próximo do que está acontecendo com aquele que escreve.

Essa abertura para um "dizer singular" escolheu também uma forma, uma materialidade singular. A partir de então a relação entre a escritura e o bordado começou a criar sentidos e desdobramentos em minha prática de artista e educadora. Ressalto aqui que esta relação entre as palavras "escritura" e "bordado" não se dá como uma metáfora, ou seja, numa substituição de significados e, sim, como uma justaposição, ou melhor, numa existência de um "lugar entre" estas duas palavras.

Uma evidência deste "lugar entre" encontra-se na etimologia da palavra "texto", que tem sua raiz na palavra latina *texere*, que significa tecer. Segundo o dicionário, tecer significa "tramar, entrelaçar, fazer algo através da justaposição de fios" (1986). Considerando esta acepção, o texto escrito pode ser concebido como uma composição, um tecido de significados. Elaborar um texto é tecê-lo com as palavras, tramá-lo, uni-lo, tal como num tecido os fios se entrelaçam. Quanto mais de perto olhamos para um tecido, mais percebemos as suas complexas tramas. Na escritura, esta trama também está exposta, as palavras podem estar em diálogo ou em conflito, podem estar soltas ou apertadas, sobrepostas ou lado a lado.

O tecido que recebe o bordado sempre revela o gesto de quem o bordou. Seja pelo seu avesso ou não, o desenho de cada ponto traz em si uma memória gestual das mãos bordadeiras. Na escritura, o texto recebe o bordado da língua, o gesto de organizar, encadear e tensionar palavras e seus sentidos.

Segundo Flusser (2010, p. 25), "escrever origina-se do latim *scribere*, que significa riscar". O instrumento pontiagudo da agulha no tecido se assemelha ao instrumento cuneiforme, um estilete, utilizado para riscar/gravar uma superfície. O gesto de bordar é solidário ao gesto da escritura, pois escrever, em seus primórdios, se caracteriza como um gesto corporal, de deixar uma marca no espaço, de cavar incisões em um objeto.

A palavra "borda" pode também ser entendida como "margem". Na escritura estamos a tocar as extremidades da língua, criando embates com estruturas rígidas e desgastadas e gestando novas formas de dizer, alargando as suas possibilidades, as suas margens.

No bordado, para evitar nós e embaralhamentos, não se usa uma linha muito grande nem muito frouxa. Na escritura, se lida constantemente com a tensão do dizer, com a justeza do dizer as palavras em estado de acontecimento. No bordado, uma das extremidades da linha deve estar sempre solta para dar mais mobilidade ao ponto, assim como na escritura, em que a linha de pensamento não deve estar fechada, encerrada em si mesma, pois os sentidos serão compostos durante o ato da escritura, e não antes.

Há também o ponto. Lugar onde os elementos se entrelaçam, se unem, se separam, ou seja, um desenho se faz. Na escritura, o ponto/a pontuação também tem este papel de criar respiros, descansos, voltas, espaços, ritmos, ou seja, desenhos. Um ponto apertado no tecido também pode ser identificado na escritura. Há frases que enrugam o texto, puxam a trama toda para si. A tensão da linha de pensamento é tão forte que todas as outras linhas se voltam para ela. Há pontos em relevo, pontos de preenchimento, pontos de ligamentos, assim como na escritura.

Foi com esta trama de referências que cheguei ao Ateliê de Palavras e Bordados. O ponto de partida era a instauração de um ambiente de ateliê, ou seja, um local de compartilhamento e trabalho coletivo. O anseio não era caracterizar-se como uma oficina, mas como um local em que todos se encontrassem em estado de criação e que os saberes de todos fossem a principal partilha.

De início trouxe uma questão/problema a todos: eu não sabia bordar. E, consequentemente, todos estariam livres deste "saber bordar" de caráter mais técnico e virtuoso. Porém, a proposição daquele encontro era escrever no tecido, com linha e agulha. O foco não era o bordado em si mesmo e nem a sua estética. Mas a junção da escritura e do bordado e quais eram os sentidos que podíamos extrair deste gesto. Sendo assim, teríamos que instaurar uma mesa de criação coletiva: alguns procedimentos básicos nós compartilhamos em grupo, e aquele que quisesse aprender a bordar um ponto específico poderia aprender com algum colega que soubesse.

Para ativar a escritura, utilizei um texto da autora Maria Gabriela Llansol (1994), que narra a experiência de encontro com um aluno chamado Ad, que era "um fluir de si próprio, sem margens que o fizesse aceitar o é assim, porque é assim" (p. 137). Neste texto, Llansol retoma diversos encontros que teve com Ad e se interroga profundamente após este dizer-lhe que queria ver Deus. O texto se desenvolve com pequenos traços de conversa com o menino misturado com sentimentos e afetos da autora. Na sequência da leitura, solicitei a todos que escrevessem encontros/acontecimentos que os colocaram neste estado de acontecimento, de questionamento, de tensão criadora.

Compartilhamos então as palavras de acontecimento. Escolhemos as que seriam bordadas no acontecimento do tecido.

Na mesa, junto com os materiais, estavam dispostas algumas referências de bordados com imagens e palavras. Percorremos rapidamente também uma seleção de imagens de artistas que investigam o bordado e suas diversas possibilidades.

No primeiro ateliê realizado, para "facilitar" a produção, levei tecidos já cortados no mesmo formato e no mesmo padrão. Porém, durante o encontro, fui percebendo que era preciso dar mais sentido à escolha do tecido, pois a proposta estava muito controlada e homogênea, estava faltando algo.

Se o desafio era a escritura, ou seja, se estávamos na chave do "sabor do saber", era vital que houvesse sabor também na escolha do tecido, da sua cor, da sua textura, no tamanho da linha, no gesto... Percebi que estava limitando demais a proposta e, no encontro seguinte, já com outros participantes, levei tecidos de texturas diferentes e tamanhos diversos, bem como materiais mais diversificados.

Depois deste acontecimento, pude perceber que todos nós temos memórias em relação ao tecido. Este não é um material "neutro", a nossa história pessoal começa já com o tecido... desde que nascemos somos envoltos em um. É também o tecido que reveste o organismo, que é responsável por fazer respirar o órgão e realizar trocas com o meio exterior, compondo um sistema comunicante. É, também, o tecido que protege o corpo e que o revela...

Este gesto de abrir para a memória da materialidade do tecido instaurou rapidamente um ambiente de intimidade entre os participantes. Tanta intimidade que nos permitimos o silêncio. Cada um concentrou-se em seu gesto de olhar o tecido, costurar, escolher as palavras e bordá-las. Observei poucos com dificuldade com o material ou com o ato de bordar.

Enquanto propositora, fiquei questionando-me se estava "correto" este silêncio durante a criação. Estava acostumada a encontros com muitos diálogos. No meu imaginário de encontros "bem-sucedidos" há sempre um ambiente de conversas, risadas, extroversão. E estes encontros não foram assim. Durante a confecção dos pontos, entre silêncios, cabeças baixas e concentração, vez ou outra aparecia um relato de uma memória com a costura, com o tecido, com o ato de bordar. Estivemos evocando nossas infâncias, as mãos de algumas mães, os saberes de alguns mestres. Tive que fazer um esforço para não me transportar para debaixo da máquina de costura de minha mãe, lugar em que eu ficava na infância, a brincar com os retalhos caídos ao chão, e lá ficar, esquecendo-me de estar ali, em roda, no grupo. Os relatos que iam aparecendo enquanto bordávamos ora se caracterizavam como um balbucio, ora como fiapos de conversa, ora como confissão... a cada aparição da voz eu tinha a sensação que o grupo se tornava mais grupo.

Iniciei o ateliê explicitando meu não saber em relação ao bordado e terminei-o no mesmo fio do não saber. O silêncio que se instaurou neste espaço foi novo, inesperado e, de certa forma, arrebatador para mim. Eu não sei significá-lo a ponto de afirmar que este é um elemento que deve fazer parte de um ateliê de bordado ou que se deve buscá-lo. Eu não saberia repeti-lo nem exigi-lo. Considero-o como um acontecimento.

Foi então que entendi concretamente a origem da palavra "página", que em latim significa *pagus*, que se refere ao "campo" e também à "paisagem" (1986). Uma página escrita/tecida pode ser concebida como uma paisagem. Talvez esteja aí a explicação... estar diante do aberto de uma página/paisagem é deparar-se com o silêncio, que aos poucos vai se presentificando como marca, gesto, palavra.

Referências

CUNHA, Antonio Geraldo. *Dicionário etimológico nova fronteira da língua portuguesa*. Rio de Janeiro: Nova Fronteira, 1986.

FLUSSER, Vilém. *A escrita: há futuro para a escrita*? Tradução de Murilo Jardelino da Costa. São Paulo: Anablume, 2010.

LLANSOL, Maria Gabriela. *Lisboalipzig 1*: o encontro inesperado do diverso. Lisboa: Rolim, 1994.

UMA OFICINA DE TEATRO PARA PROFESSORES E PROFESSORAS DA REDE PÚBLICA: NARRATIVAS, REFLEXÕES E AFETOS

Felipe Augusto Michelini da Silva

> *Porque se alguém lê ou escuta ou olha com o coração aberto, aquilo que lê, escuta ou olha ressoa nele; ressoa no silêncio que é ele, e assim o silêncio penetrado pela forma se faz fecundo. E assim, alguém vai sendo levado à sua própria forma.*
>
> — Jorge Larrosa

Este pretende ser um ensaio artístico-pedagógico a partir de um olhar sensível, e portanto influenciado e permeado pelas relações, impressões e intuições trocadas durante a oficina de *Jogos teatrais para a sala de aula*. Assim, tudo o que a seguir será colocado parte de questionamentos estabelecidos durante o encontro de artistas-educadores da rede pública, realizado no dia 16 de agosto de 2014, durante três horas. No decorrer da descrição da experiência com os professores e professoras, buscarei explorar alguns pontos levantados durante a oficina, tecendo considerações acerca do fazer teatral na escola pública.

A preparação para a experiência

> *Tudo o que não invento é falso.*
>
> — Manoel de Barros

Ao pensar em uma proposta para a formação em teatro de professores e professoras da rede pública, rapidamente surgiu a necessidade de que as trocas se dessem no âmbito da experiência, para que as reflexões pudessem surgir a partir da vivência, trabalhando para além do campo intelectual. Além desse fator, a oficina visava a criação e ampliação do repertório, para que pudessem aplicar, com os estudantes da escola onde trabalham, os jogos vivenciados durante o nosso processo

Percebo que, ao preparar uma aula de teatro, temos acesso a referenciais teóricos e manuais explicativos de jogos teatrais dos mais diversos tipos. Porém, parece-me necessária uma vivência prática desses jogos para que nós, mediadores do trabalho, tenhamos maior propriedade e domínio ao executá-los com os estudantes. Foi a partir desse pressuposto que elaborei uma sequência de ações para nossa oficina.

De maneira lúdica e coletiva, a ideia seria trabalhar diversas ferramentas essenciais não só para quem quer fazer teatro, mas para a formação dos indivíduos, abordando questões como imaginação, criatividade, espontaneidade, trabalho em grupo, concentração, expressão corporal, disponibilidade, o teatro como expressão política, entre outras. A intenção era contribuir para que professores e professoras pudessem aprender fazendo, e que esse fazer fosse, acima de tudo, divertido e em comunhão com educandos e educandas.

Para tanto, a sequência de atividades da oficina foi dividida em seis momentos: conhecimento de si e do outro; alongamento, aquecimento físico e espontaneidade; expressão corporal; o espaço; os caminhos para a cena e finalização. Em um primeiro momento seria necessário conhecer e entender o nosso grupo de trabalho daquele dia, e criar naquele coletivo de pessoas um espaço propício para a troca e confiança. Em seguida, passaríamos por elementos básicos do fazer teatral e depois faríamos uma grande roda de conversa, com a entrega de referências bibliográficas que preparei, contendo a descrição de alguns jogos e atividades. Desde o princípio eu estava determinado a ouvir e valorizar a experiência dos professores, a fim de trocarmos saberes e dificuldades da aplicação de tais jogos em suas aulas. Todos os jogos selecionados para serem executados durante a oficina foram jogos que eu já havia feito na escola pública, com estudantes de diferentes idades. Também atentei-me ao fato de que a oficina possuiria professores de diferentes classes e faixas etárias, então explicaria diversas formas de abordar o mesmo jogo com crianças, adolescentes e adultos.

Após preparar e repreparar a oficina, pensar e repensar, a expectativa e ansiedade eram grandes. Mais do que tudo, pretendia proporcionar aos participantes um momento de troca, encontro consigo e com o coletivo. Sempre acreditei na prática teatral intimamente atrelada à formação do sujeito que pensa e age sobre o mundo. Assim, gostaria de trocar isso com as pessoas e entender que o fazer artístico está aliado ao fazer pedagógico. Um não se separa do outro. Portanto, a experiência que gostaria de proporcionar iria além da formação de alguém que vai propor jogos a seus educandos, mas de alguém que vivencia o jogo e o teatro, percebe-os no corpo, faz artes enquanto conduz a aula, conduz a aula enquanto faz artes, um artista/educador e educador/artista.

Um pequeno conto ou por uma pedagogia da infância

> *Conta-te a ti mesmo a tua própria história. E queima-a logo que a tenhas escrito. Não sejas nunca de tal forma que não possas ser também de outra maneira. Recorda-te de teu futuro e caminha até a tua infância.*
>
> — Jorge Larrosa

Inicio minha oficina nesse encontro de professores, que é foco central deste livro. Seguimos para o teatro. Eu, muito empolgado, pedi que deixassem os sapatos nas arquibancadas e formássemos uma roda no centro do espaço. Um fato era curioso: eu era o mais novo da turma. Alguns olhares desconfiados, outros ansiosos e outros ainda tímidos. Eis que então, após as boas-vindas, todos em roda, pés no chão, ansiedades transbordando, faço o convite mais importante e inusitado:

> *Gostaria, antes de mais nada, que todos vocês se permitam, hoje, aqui nesse espaço, voltarem a ser crianças. Ou melhor, que juntos possamos liberar as crianças que ainda somos. Hoje, mais do que tudo, vamos nos divertir e nos entregar, voltar a brincar, redescobrir o prazer do mundo juntos. Vamos brincar de fazer teatro para, assim, podermos depois brincar com nossos alunos e alunas. Vocês topam?*

Após o consentimento geral, demos início às atividades e rapidamente, com o desenrolar das situações, as crianças--adulto-crianças estavam correndo e se divertindo no espaço, soltando gargalhadas, brincando de faz de conta, transformando aquele local vazio numa praia com surfistas e tubarões ou num hospital com médicos e enfermeiras, deixando a imaginação percorrer solta e, incrivelmente, se permitindo fazer e se descobrindo ser pelo simples. Ao final do trabalho, todos nós transformados e transformadas de alguma forma, voltamos para casa com a experiência que ainda pulsava. Trans-formação. Formação que transcende? Ou ainda transforma-ação, transformação transformada em ação na sala de aula?

Considero que no trabalho com o teatro e com as artes no geral, há necessidade de uma condução através do campo do sensível, do intuitivo e do lúdico, tantas vezes desvalorizados no ambiente escolar, quase como se fossem inferiores à prática intelectual exigida nas escolas. Pensando em uma oficina para professores e professoras de artes, seria necessário que tais qualidades fossem trabalhadas de maneira prática a partir dos próprios educadores. Pois somente trabalhando com a sua sensibilidade e a sua vivência no caminho do autoconhecimento, seria possível trabalhar isso com os alunos e alunas. Por isso, me parece tão necessária e potente a construção da imagem da infância, da criança que se permite estimular a fantasia e a imaginação, o olhar de descoberta do mundo. O lúdico como maior possibilidade de aprendizado.

> Cresci brincando no chão, entre formigas. De uma infância livre e sem comparamentos. Eu tinha mais comunhão com as coisas do que comparação. Porque quando a gente fala a partir de ser criança, a gente faz comunhão: de um orvalho e sua aranha, de uma tarde e suas garças, de um pássaro e sua árvore. (BARROS, 2008, p. 11)

Sobre o estado de infância, Jorge Larrosa, em seu ensaio *Do espírito de criança à criança de espírito: a ideia de formação em Peter Handke*, discorre a respeito do olhar da criança sobre o mundo e a importância do resgate desse olhar para a prática docente. O caminho para a criança de espírito simboliza uma preocupação com a renovação das palavras ao falar e ao escrever, para que possamos ler o mundo de outra forma, como as crianças, saboreando cada experiência, tentando entendê-lo como um lugar de estar e vivenciar, independente da cultura a qual estamos inseridos. Uma grande "busca de uma determinada maneira de ler que torne o mundo legível de um modo inocente, de uma modo renovado, como através do olhar de uma criança"[1]. Associando a ideia defendida por Larrosa à infância proferida por Manuel de Barros, parece-me que pedir que os educadores reencontrem seu olhar de criança coloca-os em situação de redescoberta para a experiência. No lugar da competição, instaurar o ato de comunhão no fazer educacional permite que juntos dos estudantes, a cada aula, novas formas de aprendizado sejam descobertas a partir da experiência com os jogos teatrais.

Assim, o principal conceito abordado na oficina era o de que o artista-educador precisa estar em comunhão com seus educandos e a aula de artes precisa ser vista enquanto momento de encontro e troca. Todos em uma relação não de superioridade entre o professor e quem os ouve, mas, sim, partilha. Durante a condução dos jogos, eu participava juntos com os outros professores, errando, dando risadas, trocando informações. E, nos intervalos entre uma e outra atividade, conversávamos sobre a importância de o educador também se colocar em situação junto com as crianças, jovens ou adultos com quem está trabalhando. Ao jogar junto, é possível estabelecer uma relação de confiança muito maior entre quem conduz o jogo e quem executa. Assim, a aproximação com seus alunos seria efetiva, afetiva e horizontal.

> Não há docência sem discência, as duas se explicam e seus sujeitos apesar das diferenças que os conotam, não se

1. LARROSA, Jorge. *Pedagogia profana:* danças, piruetas e mascaradas. Belo Horizonte: Autêntica, 2010. p. 54.

> reduzem à condição de objeto, um do outro. Quem ensina aprende ao ensinar e quem aprende ensina ao aprender. (FREIRE, 1996, p. 23)

Desde o momento em que nascem, as crianças são bombardeadas de regras as quais devem seguir, e seu mundo é determinado pelos adultos, que por vezes classificam suas atitudes em boas ou ruins, certas e erradas, não deixando sequer que a criança tenha o direito de contestar o que está lhe sendo imposto. Essas crianças tornam-se adultos, que por sua vez também adotam regras e padrões de comportamentos a serem seguidos para a aceitação e mesmo sobrevivência social.

Assim, no primeiro contato com os professores e professoras, era necessário, além de estabelecer uma relação de confiança, estimular a sua disponibilidade para se aventurar nos jogos teatrais. Muitos sentem-se envergonhados para a prática teatral (assim como seus alunos e alunas na sala de aula), acreditando não poderem fazer isso ou aquilo, com medo do julgamento dos colegas. Após o convite para o resgate da infância e com a participação de todos (inclusive eu) nos jogos, foram mostrando-se mais confiantes no grupo e no coletivo, percebendo que estavam juntos, que não havia certo ou errado, mas que tudo era experimentação.

Este é um ambiente essencial de ser criado na aula em que se pretende o trabalho com o teatro. Um local onde o "erro" seja valorizado. Onde os conceitos de produção, competição e aceitação do mundo capitalista sejam subvertidos e transformados em experimentação, coletividade e espontaneidade. E é nesse ambiente que o jogo teatral surge como uma forma transgressora às constantes regras disciplinares e reguladoras do campo imaginativo e inventivo. Durante os jogos teatrais, alunos e alunas, e no caso da nossa oficina, professores e professoras, são convidados a resolverem problemas e situações que precisam, necessariamente, ampliarem seus horizontes de criação e, dentro do coletivo, exercerem suas liberdades de expressão.

> O crescimento ocorrerá sem dificuldades no aluno-autor porque o próprio jogo o ajudará. O objetivo no qual o jogador deve constantemente concentrar e para o qual toda ação deve ser dirigida provoca espontaneidade. Nessa espontaneidade, a liberdade pessoal é liberada, e a pessoa como um todo é física, intelectual e intuitivamente despertada. Isto causa estimulação suficiente para que o aluno transcenda a si mesmo – ele é libertado para penetrar no ambiente, explorar, aventurar e enfrentar sem medo todos os perigos. (SPOLIN, 2010, p. 5)

Essa é uma lição muito importante sobre a qual discutimos boa parte do tempo da oficina. Não há certo e errado no teatro. Tudo são possibilidades de criação e expressão artística. Segundo Viola Spolin,

> numa cultura onde a aprovação/desaprovação tornou-se o regulador predominante dos esforços e da posição, e frequentemente o substituto do amor, nossas liberdades pessoais são dissipadas. (SPOLIN, 2010, p. 6)

E é apostando no potencial político-pedagógico do teatro em sala de aula que, nas conversas durante a oficina, reafirmamos a importância dos jogos teatrais para a consciência de si e do outro, do trabalho coletivo, da valorização da experiência pessoal e da aula de artes como um local de encontro e descoberta para professores em conjunto com seus estudantes.

Após a experiência com os jogos, perguntei-lhes como se sentiram e o que haviam percebido. Algumas professoras disseram que havia sido muito divertido, que fazia tempo que não se sentiam dessa maneira, e que já estavam ansiosas para trocar os jogos que haviam aprendido com suas turmas. Outras afirmavam a necessidade de ter mais encontros práticos para sua formação e ampliação de repertório de atividades a serem desenvolvidas em sala de aula. O mais comovente foi perceber a empolgação e a vitalidade contidas nos olhares e falas de cada um. Pareciam muito felizes com a ideia de mostrar o que haviam aprendido para seus alunos. E esse movimento do querer fazer, com toda certeza, já era o grande passo para o sucesso da aplicação das atividades em suas aulas.

Algumas questões sobre o teatro em sala de aula ou produzindo fome

> *[...] Toda experiência de aprendizagem se inicia com uma experiência afetiva, é a fome que põe em funcionamento o aparelho pensador. Fome é afeto. O pensamento nasce do afeto, nasce da fome [...].*
>
> — Rubem Alves

Debrucemo-nos agora, muito brevemente, sobre algumas questões suscitadas pelos professores durante a prática dos jogos, relacionando sua vivência à realidade da escola pública.

Sem dúvidas, o primeiro e mais presente questionamento foi: "Mas é possível fazer esse trabalho nas aulas de artes?". Grande foi a surpresa quando revelei que os jogos haviam sido especialmente escolhidos por terem sido praticados durante as aulas de artes que ministrei para crianças, jovens e adultos.

Duas professoras relataram a experiência do trabalho com o teatro em oficinas livres que ministravam fora dos horários de aula, mas diziam ser muito difícil o teatro durante os poucos minutos reservados às aulas de artes semanais. Algumas outras concordaram e ainda questionaram: "Mas como fazer adolescentes se interessarem pelo que você tem a dizer? E os que não querem nada com nada?".

Permeado por esses questionamentos e juntamente com os outros professores e professoras, começamos a refletir sobre esses assuntos. Um pensamento em mim muito vivo é o de que quando algo é interessante e empolgante para nós, que propomos as atividades, há grandes chances de os demais se sentirem envolvidos por nossa empolgação. O que vejo acontecendo muitas vezes são professores e professoras acostumados e acomodados aos argumentos de que os jovens da escola pública não fazem nada, de que não adianta propor atividades diferentes porque eles não valorizam, de que eles não se interessam. Combatendo esses argumentos, Spolin afirma sobre as crianças (argumento que pode ser estendido a adolescentes e adultos), que "todas, ao se defrontarem com problemas interessantes a resolver, permanecerão com uma atividade por longo tempo"[2]. Assim, o trabalho com os jogos teatrais que propõe "problemas" a serem resolvidos pelos jogadores, por meio de sua criatividade e ludicidade, mostram-se um bom caminho para o despertar da curiosidade e atenção em sala de aula.

O primeiro passo, a meu ver, é conquistar a confiança desses jovens. Como já falamos anteriormente sobre a

---

2. SPOLIN, Viola. *Improvisação para o teatro*. São Paulo: Perspectiva, 2010. p. 253.

confiança que pode, dentre tantas maneiras, ser conquistada com comunhão e afetividade, passemos adiante. Além disso, são necessárias conversas com a turma a respeito das propostas preparadas para as aulas de artes: o porquê de se trabalhar determinada linguagem artística, quais são as opiniões da turma com relação ao assunto e seus conhecimentos prévios. As vezes caímos no costume de pouco ouvir o que as crianças e jovens têm a dizer. E, muitas vezes, eles só querem poder falar e opinar sobre alguns assuntos. A aula de artes, principalmente a teatral, precisa ser esse lugar, onde cada indivíduo e suas particularidades são bem-vindas e serão trabalhadas. E é nesse ponto em especial que as aulas tornam-se um ato político. Uma aula teatral pode ser transgressora. Inserida dentro de um sistema disciplinar como o nosso atual, em que jovens e crianças precisam passar horas sentados em suas carteiras copiando lições, muitas vezes não entendendo sequer o porquê precisam decorar os conteúdos das lousas cheias, com professores tantas vezes autoritários exercendo todo o seu poder e exigindo o enquadramento em normas que sequer podem ser questionadas, uma aula de jogos teatrais pode ser um suspiro poético e expressivo na vida dos estudantes. Com uma relação horizontal, na qual cada um tem o direito de se encontrar e expressar dentro do coletivo e educador se coloca em situação junto aos alunos e promove um ambiente propício à troca e à experiência criativa, aos poucos os estudantes percebem que há outras possibilidades de se trabalhar e agir no mundo.

É muito importante conversar e estabelecer uma rotina. Depois de tantos anos sendo condicionados a obedecerem somente com gritos, a sentarem e serem bombardeados de conteúdos, uma diferente proposta de relação com os alunos pode parecer caótica de início. Mas, com o estabelecimento de uma rotina, aos poucos todos vão entendendo que, naquela aula ao menos, poderão trazer questionamentos, exercer suas liberdades dentro de uma proposta coletiva e terão o professor como parceiro, aberto à troca, em busca da jornada pelo conhecimento.

> O processo de formação está pensado, melhor dizendo, como uma aventura. E uma aventura é, justamente, uma viagem no não planejado e não traçado antecipadamente, uma viagem aberta em que pode acontecer qualquer coisa, e na qual não se sabe onde se vai chegar, nem mesmo se vai se chegar em algum lugar. (LARROSA, 2010, p. 53)

Conversando com os educadores, o conteúdo abordado nas aulas teatrais exige certa inventividade do professor. Dependendo do que pretende ser trabalhado na aula, pode haver uma sequência, tendo uma estrutura organizada de acordo com os objetivos daquela aula. Assim, os jogos de aquecimento e alongamento provavelmente tratarão de maneira sutil as habilidades que pretendem ser desenvolvidas ao longo da experimentação do dia. Por exemplo: em determinado momento, o educador percebe que é importante trabalhar com alunos e alunas a questão do espaço, querendo fazê-los perceber como o mesmo interfere na cena. Assim, poderá começar com um jogo de pega-pega no aquecimento, pedindo que todos prestem atenção em como o espaço se modifica conforme se é pegador ou não. Em seguida, poderá trabalhar jogos de transformação do espaço, pedindo que os participantes imaginem que estão na água e percebam como seria o corpo na água, ou na areia, ou no barro. Por fim, poderia ainda propor uma improvisação em que daria um tema correspondente ao local onde se passará a história, como um parque, uma sala de aula etc. O jogos precisam ser apresentados de uma maneira convidativa e com linguagem própria a cada idade. O mesmo jogo precisa ser abordado de uma maneira muito mais lúdica quando executado com crianças, muitas vezes transitando com imagens, e pode ser trabalhado de maneira mais objetiva com adolescentes e adultos.

Ao final da oficina com os professores, fizemos uma grande roda para conversar sobre as vivências do dia, onde todos puderam expressar suas percepções, dúvidas e observações sobre o que foi trabalhado. Assim como foi feito em nossa oficina, ressaltei a importância desse momento ao final de cada aula. É muito importante estabelecer ao final dos encontros o momento de conversa com todos, pois muitas vezes é nesse momento em que muitos conteúdos são assimilados. Além disso, é necessário que a sala de aula possa ser transformada num local onde os estudantes possam trazer questionamentos a respeito da aula ou do que bem intenderem. Muitas vezes, são essas conversas que guiam o andamento das próximas aulas. E é nesse momento em que os conhecimentos de cada estudante serão valorizados.

Lado a lado, em roda, numa posição de perfeita igualdade, professores e alunos podem conversar sobre qualquer assunto, posicionarem-se, dialogar. A mais pura dialética em sala de aula. Mais um momento de importância política para a formação de todos os sujeitos envolvidos no processo. É nesse momento em que se dá, inclusive, a formação dos artistas, pois são estimulados a repensar o mundo em que vivem, a forma de se relacionar entre as pessoas e os espaços que habitam. E, enquanto artistas, são convidados a criarem formas artísticas de se colocarem na sociedade. O artista que pensa e repensa seu posicionamento no mundo e se faz sujeito ativo nele, exercendo sua autonomia.

> O mundo não é. O mundo está sendo. Como subjetividade curiosa, inteligente, interferidora na objetividade com que

dialeticamente me relaciono, meu papel no mundo não é só o de quem constata o que ocorre mas também o de quem intervém como sujeito de ocorrências. Não sou apenas objeto da *História* mas seu sujeito igualmente. No mundo da História, da cultura, da política, *constato* não para me *adaptar* mas para *mudar*. (FREIRE, 1996, p. 77)

(In)concluindo ideias

[...]
Eu fui aparelhado
Para gostar de passarinho.
Tenho abundância de ser feliz por isso.
Meu quintal é maior do que o mundo.
Sou um apanhador de desperdícios:
Amo os restos
Como as boas moscas
Queria que a minha voz tivesse um formato de canto.
Porque eu não sou da informática:
Eu sou da invencionática.
Só uso a palavra para compor meus silêncios.

— Manoel de Barros

Agora, algum tempo após a experiência com os professores e professoras, tenho refletido sobre a importância de eles terem vivenciado de forma prática e divertida os jogos e como, possivelmente, os explicarão com o mesmo prazer quando forem aplicá-los em suas classes. Penso isso pois, quando eu experimentei tais jogos pela primeira vez, senti um prazer inenarrável ao jogá-los. E foi exatamente com esse sentimento que conversei com os participantes da oficina.

Parece-me que a oficina tocou os profissionais que por ela passaram em um ponto importante: foi um trabalho de formação que incidiu diretamente sobre o autoconhecimento dos educadores. Pois, durante sua formação, é claro que estudaram e muito sabiam sobre a importância do lúdico e do jogo para seus alunos. Mas quando os educadores e educadoras exercem o lúdico em si? Quando permitem que a imaginação, a criatividade, o prazer e a espontaneidade se manifestem em seu dia a dia? Quando se permitem serem artistas-educadores? Pois se o educador não se escuta, não se permite, como escutar e permitir a experiência aos outros?

Acredito que a oficina que pretendia ser uma ampliação de repertórios e trocas tornou-se um lugar para experienciar e primeiramente entender como as coisas se dão dentro e fora de cada um, para depois partilhá-las. E que o professor de artes, ao lecionar teatro, não precisa se colocar sempre acima de sua turma, deter os conhecimentos e comandar os jogos. Muito pelo contrário, tenho a impressão de que, quanto mais em relação o educador se coloca, quanto mais se permite experimentar os jogos, estar junto dos estudantes, quanto mais sincero, transparente e horizontal for, mais próximo estará de um experiência efetiva e afetiva do teatro em sala de aula.

> E é até mesmo possível, inclusive, que sejamos capazes de reconhecer, na história íntima dos encontros que fizeram nossa própria vida, alguém que, sem exigir imitação e sem intimidar, mas suave e lentamente, nos conduziu até nossa própria maneira de ser: alguém, em suma, a quem poderíamos chamar de "professor". (LARROSA, 2010, p. 52)

Após a conclusão da oficina, criamos um grupo e nos correspondemos até hoje. Por *e-mail* pude mandar novas dicas de jogos e atividades, e algumas professoras compartilharam com alegria o quanto suas turmas gostaram dos jogos que trabalhamos. Mal posso conter minha emoção ao escrever isso. De fato, perceber as extensões e proporções que nossos trabalhos tomam no mundo é uma sensação indescritível. E nos resta, enquanto artistas-educadores, continuar como meninos e meninas a colorir o mundo, enchendo de cor e poesia cada parede cinza e branca de cada sala de aula por onde passamos. E, mais ainda, comungar o teatro em qualquer canto com nosso canto, acreditando ainda e sempre na bonita e potente jornada do teatro na sala de aula, na escola pública.

Referências

ALVES, Rubem. A arte de produzir fome. Sinapse. *Folha de São Paulo*, 29 out. 2002.

BARROS, Manoel. *Memorias inventadas:* a infância de Manoel de Barros. São Paulo: Planeta do Brasil, 2008.

BOAL, Augusto. *Jogos para atores e não atores*. Rio de Janeiro: Civilização Brasileira, 1998.

FREIRE, Paulo. *Pedagogia da autonomia:* saberes necessários à prática educativa. São Paulo: Paz e Terra, 1996.

LARROSA, Jorge. *Pedagogia Profana:* danças, piruetas e mascaradas. Belo Horizonte: Autêntica, 2010.

NOVELLY, Maria C. *Jogos teatrais.* Exercícios para grupos e sala de aula. Campinas: Papirus, 1994.

SPOLIN, Viola. I*mprovisação para o teatro*. São Paulo: Perspectiva, 2010.

______. *Jogos teatrais na sala de aula.* São Paulo: Perspectiva, 2008.

TELLES, Narciso (Org.*). Pedagogia do teatro:* práticas contemporâneas na sala de aula. Campinas: Papirus, 2013.

O CANTO DO PROFESSOR[1]

Arthur Iraçu Amaral Fuscaldo

Gostaria de começar com algumas perguntas, que faço também para mim mesmo: precisam-se de professores para que música faça parte da vida? E aprender música não é em grande parte deixar que ela, cada vez mais e de várias maneiras, faça parte da vida? Qual é então o papel de um professor de música e até que ponto é determinante sua ação, até que ponto lhe é possível ensinar música? Claro que um simples artigo não teria como responder totalmente essas perguntas, mas vale trazê-las à baila, como parte do que fundamenta a concepção de uma oficina e a postura assumida como educador. Ou seja, as perguntas, as dúvidas, também fundamentam, necessariamente, nossas iniciativas de ensino-aprendizagem-pesquisa, e não apenas referenciais teóricos consagrados.

Quanto ao papel do professor de música, é claro que é possível esboçar algumas pistas: possibilitar, estimular, implementar vivências musicais individuais e coletivas; contribuir para ampliação de repertórios; explicar e demonstrar de forma prática conceitos de um dado sistema musical; mostrar possibilidades sonoro-musicais que os aprendizes não conheciam; seduzir para a fruição e prática musicais.

1. Este artigo-ensaio foi escrito no intento de explicitar referenciais que nortearam a oficina "Possibilidades lúdicas da música na sala de aula", realizada em parceria com a atriz e educadora Claudia Cristina Miranda, e compartilhar as reflexões que a mesma possibilitou a partir dos diálogos e atividades práticas junto às professoras e aos professores da rede municipal de São Paulo, que participaram da vivência. Tal oficina fez parte de evento realizado pelo Grupo de Pesquisa "Arte e formação de educadores", do Instituto de Artes da Universidade Estadual Paulista Júlio de Mesquita Filho (Unesp).

Mas tudo isso talvez não tenha grande efeito se não houver algum enlace individual. E tudo isso talvez possa ter uma reverberação e potência enorme, até difícil de medir, se houver tal enlace. Mas o que é ou o que compõe esse enlace? Me parece quase impossível responder de forma fechada e definitiva essa questão. Afinal ele pode ter uma temática, forma, dimensão ou profundidade diferente para cada pessoa. Mas seja quais forem essas características diferenciadoras, o ponto comum é que é algo que compõe um vínculo reconhecido não apenas de modo racional e, inclusive, nem sempre completamente descritível de modo racional, mas necessariamente reconhecido de modo afetivo e sensitivo. Esse vínculo se alia ao fato prévio de que

> [...] todos temos música dentro de nós. Ela está presente mesmo naqueles que se dizem não serem musicais. O som faz parte da natureza humana, mas é anterior ao homem.
>
> 'Quando o homem é concebido, as primeiras células que se agrupam vibram em frequências distintas e, ao se acomodarem, vão dando inicio a um mapa sonoro interno, que mais tarde será reconhecido como o padrão sonoro interno daquela pessoa'. Através desse padrão será possível identificarmos, dentre outras coisas, as características e as necessidades que cada um terá para manter uma vida saudável. (GOES, 2014, p.17-18)

Talvez então um dos papéis principais de qualquer educação musical seja, ou deveria ser, tocar nesse ponto sutil, delicado e multifacetado a partir do qual a pessoa tem pleno sentimento de que a experiência musical lhe pertence, a partir do qual a relevância experimentada na vivência musical pode até mesmo fazer com que ela se torne ou seja reconhecida como uma necessidade, a partir do qual a pessoa tem motivação suficiente para seguir descobrindo e aprendendo com ou sem um professor.

Um caminho para tocar esse enlace pode ser composto por brincadeiras, cantigas, jogos sonoro-musicais, e penso que isso vale tanto para aulas com crianças e jovens quanto para aulas com adultos. É aí que se une a tudo o que foi dito até aqui a ideia de *ludicidade*. Entre minhas referências para isso, lembro aqui de uma conversa com um amigo A'uwẽ - Xavante, durante uma estadia em sua aldeia. Conversávamos sobre os cantos que estavam sendo realizados quase diariamente naquele período em que eu lá estava. Ele me explicou que a importância principal daqueles cantos era manter as pessoas e os espíritos alegres, pois se todos estão alegres outras coisas boas vêm mais facilmente. Essa explicação está vinculada a várias outras referentes às concepções cosmológicas *a'uwẽ*, ao seu modo de se relacionar com os outros seres com os quais convivem (FUSCALDO, 2011), entre eles animais e o que podemos chamar de *espíritos*[2]. Obviamente não caberia aqui um aprofundamento sobre tais concepções, mas penso que já vale, por ora, essa lição *a'uwẽ* sobre a importância da alegria e sua intima relação com atividades musicais.

Os cantos *a'uwẽ,* realizados sempre em roda, remetem também a outra rica e inesgotável fonte de vivências musicais: as brincadeiras de roda de culturas populares, que compuseram a grande maioria do conteúdo trabalhado

---

2. [...] os conceitos amazônicos de 'espírito' não designam tanto uma classe ou gênero de seres quanto uma certa relação de vizinhança obscura entre o humano e o não humano.[...] Um espírito, na Amazônia indígena, é menos assim uma coisa que uma imagem, menos uma espécie que uma experiência, menos um termo que uma relação, menos um objeto que um evento, menos uma figura representativa transcendente que um signo do fundo universal imanente – o fundo que vem à tona no xamanismo, no sonho e na alucinação, quando o humano e o não humano, o visível e o invisível trocam de lugar (VIVEIROS de CASTRO, 2006, p. 11).

nesta oficina. Essas brincadeiras populares são repletas de elementos musicais e musicalizadores: cantigas, ostinatos, reprodução de padrões rítmicos, gestos que seguem o ritmo e a letra, possibilidades de dramatização da narrativa presente em uma letra de cantiga. Além disso, essas atividades coletivas em roda possibilitam também o exercício da iniciativa, da autoexposição e da improvisação. Algumas das brincadeiras abordadas foram: "Fui na Espanha", "Eu entrei na roda", "Moda das tais anquinhas", "Linda rosa juvenil", "Gatinho pardo", "Piriquitinho de malícia", "Dig bô", entre outras. Várias fazem parte do repertório pessoal dos participantes da oficina. Mas foi também uma fonte de referência o trabalho de Novaes (1986), que reúne explicações e partituras referentes a brincadeiras populares de várias regiões do Brasil e pode ser um importante material de apoio aos professores de artes.

Entre as atividades, aconteceram também momentos de questionamentos, reflexões e trocas. Em algumas situações, uma das pessoas parecia estar em busca de respostas, soluções, fórmulas prontas que pudessem depois ser aplicadas em suas aulas e, se era isso mesmo, pode ter se sentido um pouco frustrada. Uma fala que surgiu em relação a um jogo rítmico, por exemplo, foi algo como "Ah, mas com os alunos é muito difícil de conseguir fazer isso!", o que demonstra uma ênfase na reprodução do repertório e em uma ideia fechada de resultado, que parece gerar no educador um receio prévio, uma insegurança.

Convém notar, por outro lado, que tem algo bastante positivo na preocupação dos professores com o que realmente irão conseguir lembrar e utilizar em suas aulas, das cantigas e brincadeiras que foram vivenciadas. Mostra que desejam realmente ampliar as práticas e conteúdos de suas aulas a partir da oficina. Mas cabe também uma pergunta, pensando nessa necessidade de ampliação de repertório e em outras demandas da sala de aula no que se refere à música e musicalidade: quais são as possíveis e reais contribuições de oficinas como esta? Uma oficina como esta não tem como, nem pretende, resolver toda a carência de repertório para atividades lúdico-musicais na sala de aula da educação formal. Mas pode contribuir para disparar processos, apontar caminhos e até mesmo conteúdos para esse desenvolvimento individual no que se refere à musicalidade e ao repertório. Portanto, a ampliação de repertório sem dúvida é uma das contribuições possíveis da oficina e não é um problema que os participantes busquem isso nela, mas pode ser um problema isso se tornar o único foco. Afinal, o principal em oficinas como esta é o estímulo à autonomia, autoconfiança e iniciativa enquanto pesquisador e educador musical, enquanto construtor da sua própria e contínua formação e da sua musicalidade. Pois de outro modo haverá sempre uma certa dependência de ter alguém que ensine conteúdos novos que possam ser reproduzidos.

Ademais, penso que as experiências musicais em si, como as vivenciadas na oficina, podem abrir as perspectivas para além das inseguranças iniciais e do apego demasiado a ilusões de registro e reprodução. Afinal, a pessoa estar ali cantando, brincando, se deparando com suas próprias facilidades e dificuldades, já tira desse lugar de simplesmente coletar e reproduzir. E ocorre ali outro tipo de registro, que é do corpo, que é da memória, além do papel e da câmera do celular – que também podem contribuir –, o que pode estimular novas introvisões e ideias.

Nesse sentido, retomando a situação na qual um participante destacou que seria muito difícil fazer com os alunos uma brincadeira musical que estávamos vivenciando juntos ali, o mais interessante é notar que veio também do próprio grupo respostas e reflexões que redirecionavam esse pensamento, visualizando possibilidades de criar por si próprios, ou junto com seus alunos, variações a partir das atividades vivenciadas. Um olhar que portanto não subestima os alunos e que se atenta à possibilidades de criação e recriação coletiva dos processos e resultados em educação musical, o que considero fundamental.

Como mais uma das reflexões propiciadas pela experiência, guardo o pensamento de que em uma próxima oportunidade pode-se fazer uma oficina que enfatize ainda mais o seguinte tema: a musicalidade do professor, e o quanto ela é definidora em relação à qualidade das atividades musicais que ele desenvolverá. E mais, uma oficina que, entre outras coisas, foque a invenção de práticas e jogos musicais.

A oficina "Possibilidades lúdicas da música na sala de aula" se encerrou com uma brincadeira embalada por uma canção de Ghana – aprendida a partir do trabalho de Brito (2003, p. 126) – cuja dinâmica se assemelha à da brincadeira popular "Escravos de Jó", e cuja tradução da letra da cantiga é "nós somos crianças e estamos brincando com pedras". Lembrar, a partir dessa canção, das culturas africanas e afro-brasileiras, tão plenas de música integrada à vida, me faz vislumbrar mais simplicidade para contemplar as questões com as quais abri esse ensaio. Afinal, essas crianças de Ghana parecem estar sugerindo com toda delicadeza que saibamos aproveitar até mesmo o que pareça desimportante, para produzir música e alegria. Se uma das intenções aqui é explicitar minhas principais referências, aí está uma delas: crianças que dão às suas vozes um formato de canto quando brincam com pedras e que, como Manoel de Barros (2013), sabem que seu quintal é maior do que o mundo.

Referências

BARROS, Manuel. *Manuel de Barros:* poesia completa. 2. ed. São Paulo: Leya, 2013.

BRITO, Teca Alencar. *Música na educação Infantil*. São Paulo: Peirópolis, 2003.

FUSCALDO, Arthur I. A. *Rowapari Danho're:* sonhar e segar cantos no xamanismo *a'uwẽ*. Dissertação de Mestrado, Unesp, São Paulo, 2011.

GOES, Silvia. *O cérebro musical*: como identificar e desenvolver seu som interno (livro digital). SP: Centro de Recuperação Interna da Expressão Musical, 2014. Disponível em: http://silviagoes.blogspot.com.br/p/ebppks.html.

NOVAES, Iris Costa. *Brincando de roda*. Texto musical de Alayde M. Fortes. 2. ed. Rio de Janeiro: Agir, 1986.

VIVEIROS DE CASTRO, Eduardo. A floresta de cristal: notas sobre a ontologia dos espíritos amazônicos. *Cadernos de Campo*, 14/15, 2006. Disponível em: http://sites.google.com/a/abaetenet.net/nansi/abaetextos/a-floresta-de-cristal-e-viveiros-de-castro. Acesso em: 8 jan. 2010.

TEATRO SE VÊ OU SE FAZ?

Caio Sérgio de Castro Armada Floret Franzolin
Gabriel Küster Couto de Oliveira

> *[...] ensinar não é transferir conhecimento, mas criar possibilidades para a sua própria produção ou a sua construção.*
>
> — Paulo Freire, *Pedagogia da autonomia,* 1997

Traduzir uma experiência sensível de troca na forma de um relato textual não é das tarefas mais fáceis para educadores que exercitam seu olhar para a multiplicidade de pontos de vista e buscam ampliar as possibilidades de leituras do mundo dentro e fora da sala de aula, como é o nosso caso. Essa tarefa ainda se adensa por termos o agravante de lidar com a arte/educação e o teatro, uma mistura que pode ser encarada como uma solução altamente inflamável por sua potência de inserção e pensamento crítico. Esse simultâneo adensamento e poder de queima diz respeito ao compromisso com a formação do olhar crítico, poroso e estético na permanente tentativa de oferecer experiências que possam minimamente contribuir com a constituição de sujeitos mais atuantes e reflexivos.

Nossa experiência artística e educativa que tangencia o universo escolar tanto na sala de aula com os educandos, quanto em apresentações teatrais em escolas públicas e privadas demonstrou ao longo do tempo a necessidade do pensar em estratégias para a formação de público não apenas para as crianças e jovens, mas também para os educadores que são os sujeitos responsáveis por despertar a potência dos desdobramentos artísticos no educando mediando as relações da linguagem artística e o público, por terem em suas mãos a possibilidade de expandir as fronteiras da obra de artes e da apropriação do fazer artístico para os educandos.

Nesse sentido, há alguns anos, criamos a oficina "Teatro se vê ou se faz?" que se configura como uma ferramenta para mediar uma aproximação da relação dos educadores com o teatro no sentido de sua fruição e também proporcionando a experiência prática da expressividade teatral. O título da oficina já deflagra o pensamento hegemônico sobre uma polarização entre aqueles que devem assistir ao espetáculo e aqueles que podem produzir teatro. O objetivo deste trabalho de formação de educadores é uma tentativa de sensibilizá-los para a desmistificação da experiência artística, em especial o teatro na sala de aula e como possibilitar o diálogo do material artístico com o público.

A partir destes aspectos gerais, vamos neste texto abordar a experiência da oficina "Teatro se vê ou se faz?" para participantes do encontro de formação de professores de artes da rede pública municipal organizado pelo Grupo de Pesquisa Arte e Formação de Educadores do Instituto de Artes da Unesp em parceria com a Secretaria Municipal de Educação de São Paulo.

Ministrar uma oficina para educadores da rede pública da cidade de São Paulo, em um primeiro momento, apresenta a problemática da escolha do que será trabalhado e da forma que será trabalhado, pois o público da atividade se configura como profissionais diversos que atuam em sala de aula na área de artes ou linguagens e códigos. Com base no conceito de aprendizado pela experiência de John Dewey:

> Aprender da experiência é fazer uma associação retrospectiva e prospectiva entre aquilo que fazemos às coisas e aquilo que em consequência essas coisas nos

> fazem gozar ou sofrer. Em tais condições a ação torna-se uma tentativa; experimenta-se o mundo para se saber como ele é; o que se sofre em consequência torna-se instrução – isto é, a descoberta das relações entre as coisas. (1959, p. 153)

Desta forma, nossa opção foi utilizar a base deste pensamento que é organizar uma sequência de jogos teatrais a partir da comicidade e das ações físicas para se aproximar posteriormente das teorias do teatro na sala de aula, sendo a teoria como uma consequência das dinâmicas desenvolvidas em aula e experienciadas pelos participantes.

Ainda que a proposta da oficina seja inicialmente prática, a metodologia de trabalho se caracterizava também pela compreensão dos exercícios propostos por meio de conversa na última parte da encontro para partilhar sensações, relacionar com o universo da escola e apontar referências para os participantes encontrarem suporte posterior a curta oficina de duas horas.

A dinâmica da oficina concentrou-se em exercícios para ativar corporalmente os participantes a partir de jogos teatrais lúdicos e imagéticos que criassem também um ambiente propício para que os participantes pudessem se sentir livres para se exporem de forma cômica uns para os outros. Como estratégia para potencializar esta abertura do grupo, a medida que um de nós enunciava os exercícios, o outro participava jogando como um integrante do grupo. Esta escolha parte da possibilidade da potencialização do grupo a partir de uma referência inserida e da vivência em conjunto, o que ajuda a romper com a divisão professor/aluno. Importante é que todos criaram possibilidades de desdobramentos nos exercícios, propondo variações que eram experienciadas por todos durante os exercícios e depois avaliadas.

A apropriação dos jogos pela prática se faz como uma estratégia interessante no sentido que cria afinidade corporal, estimulando a cognição e não apenas quando se vê um manual de exercícios que pode ser explorado de forma mais familiar depois destas vivências.

Como exemplo disso, pudemos apresentar um jogo no qual, em grupos de três ou quatro participantes, era escolhido um tema de paisagem imaginada, como uma praia, e um de cada vez mostrava a paisagem com o corpo, podia mostrar ainda algum elemento desta cena no espaço, como um guarda-sol, sorveteiro, castelo de areia. Quando apenas um participante ficava de fora, deveria escolher outro participante para continuar. Se ficasse com o sorveteiro, esse permaneceria e deveria propor imediatamente outro elemento para compor outra cena estática que tivesse relação com o sorveteiro, um banco de praça por exemplo. Ao longo do jogo, adicionamos a possibilidade da fala e/ou inter-relação dos elementos em movimento, o que gerou pequenas narrativas improvisadas e permitiu autonomia crescente dos participantes. Neste sentido, pudemos observar que houve a criação de uma dinâmica própria de cada pequeno grupo, em uma mesma cena havia a alternância do papel dos presentes que ora estavam como expectadores, ora estavam como agentes da ação na improvisação.

O que no início da oficina se apresenta como dois polos distantes, entre o fazer e o assistir teatro, ao final foi assimilado como possibilidade de apropriação e adequação do teatro na escola, por ser a essência da área teatral a relação de alguém que está apresentando e alguém que está assistindo a apresentação. Não há necessidade de grandes cenários, ricos figurinos, produções enormes e que exijam grande investimento financeiro. O que esta oficina defende é a potência da experiência e o acesso ao teatro a partir de diferentes linguagens, sendo possível pela música, por estímulos visuais, por impulsos do movimento. Tudo que nos cerca pode ser utilizado para a expressão.

Como perspectivas futuras, acreditamos ser fundamental a continuidade de encontros de formação continuada de professores, para estabelecer eventos de referência na área onde os educadores possam se dirigir na busca pela ampliação de suas práticas e novas perspectivas de experimentação para sua docência.

> É assim que venho tentando ser professor, assumindo minhas convicções, disponível ao saber, sensível à boniteza da prática educativa, instigado por seus desafios que não lhe permitem burocratizar-se assumindo minhas limitações, acompanhadas sempre do esforço por superá-las, limitações que não procuro esconder em nome mesmo do respeito que me tenho e aos educandos. (FREIRE, 1996, p. 71-72)

Referências

BARBOSA, Ana Mae. *Teoria e prática da educação artística*. São Paulo: Cultrix, 1990-95.

BOAL, Augusto. *Jogos para atores e não atores*. Rio de Janeiro: Civilização Brasileira, 1998.

COELHO, Teixeira. *O que é Ação Cultural.* São Paulo: Brasiliense, 2001. (Coleção primeiros passos).

FREIRE, Paulo. *Pedagogia da autonomia*: saberes necessários à prática educativa. São Paulo: Paz e Terra, 1996.

______. *Professora sim, tia não*. Cartas a quem ousa ensinar. São Paulo: Olho d'Água, 1997.

DEWEY, J. *Democracia e educação*. 3. ed. São Paulo: Editora Nacional, 1959.

LECOQ, Jacques. *O corpo poético*: uma pedagogia da criação teatral. São Paulo: Sesc-Senac, 2010.

LOPES, Joana. *Pega teatro*. São Paulo: Roth, 1981.

SÃO PAULO (ESTADO). Secretaria da Educação, Fundação para o Desenvolvimento da Educação. *Teatro e dança: repertórios para a educação.* Devanil Tozzi; Marta Marques Costa (Org.); Thiago Honório (Col.). São Paulo: FDE, 2010. v. 3.

SPOLIN, Viola. *Improvisação para o teatro*. São Paulo: Perspectiva, 1979.

AIKIDO E EDUCAÇÃO: A BUSCA DA HARMONIA COMO POSSIBILIDADE DE MOVIMENTO

Saint Clair Rodrigues Nogueira Filho

A oficina foi idealizada com o objetivo de explorar o repertório filosófico e prático do aikido como ferramenta para auxiliar na reflexão sobre os conflitos do cotidiano dos educadores de artes. Sendo assim, eis a ementa:

> A oficina explora o aikido enquanto fonte transdisciplinar para a pesquisa em educação, com ênfase na busca pela possibilidade de movimento em situações de resistência, usando como ferramenta o corpo. Pretende-se explorar, via dinâmicas corporais, os conceitos de ponto de atrito, circularidade, condução, queda, espaço, tensão, imobilização e não resistência, além dos elementos introdutórios teóricos e históricos do aikido.

O encontro com os educadores basicamente seguiu a lógica de um treino de aikido, com alongamentos e dinâmicas corporais. A escolha das técnicas demonstradas e praticadas, devido à falta de conhecimento prévio dos participantes, foi feita pensando em diminuir o risco de lesões. Houve também uma contextualização histórica do aikido, além de um momento posterior de discussões e conversas, comum no universo acadêmico, mas nem tanto na prática do aikido.

Com exceção da contextualização histórica, a fundamentação veio da minha experiência como praticante de aikido[1] que pesquisa as aplicações de seu repertório filosófico e prático no contexto da educação. Na oficina

1. Atualmente, detenho o grau de *shodan* (faixa preta primeiro grau, ou primeiro Dan), pelo *dojo* Nova Era (São Paulo), dirigido pela *Sensei* Lila Serzedello (5º Dan).

buscamos incorporar a filosofia das técnicas corporais, o que é uma experiência muito rica, na medida em que o corpo demonstra claramente quando não entende ou não sabe: a movimentação não fica fluida, as resistências e tensões se tornam evidentes e muitas outras dificuldades aparecem. O método de treinamento do aikido não é competitivo, o que vai na contramão do senso comum sobre as artes marciais, baseado no vigor físico e na agressividade. De fato, em conversas com os participantes da oficina, eles revelaram que esta imagem foi a primeira que veio à suas mentes quando viram o aikido no painel com as oficinas disponíveis. Eles declararam que se soubessem que experimentariam o que propus, outros educadores adorariam ter participado. De fato, já presenciei este mal-entendido em outras ocasiões (e creio que ele continuará acontecendo).

Começamos a oficina com uma contextualização histórica. Em seguida, cumprimos os procedimentos básicos do início do treino de aikido, com uma série de alongamentos e exercícios de respiração, para só então na sequência iniciarmos as práticas de contato e ataque em duplas e trios[2]. Deixei claro que o aikido deve ser praticado diligentemente para que o corpo o incorpore, e que iríamos experimentar na verdade uma breve e básica introdução às artes. Abordei os seguintes pontos:

1. Ponto de atrito: exercícios de percepção do espaço físico mediante o agarramento do pulso. No aikido, o ponto de atrito é o lugar onde há o encontro do

2. A oficina foi realizada em dois sábados, com grupos diferentes. Convidei dois colegas de aikido para servirem como meu *uke* [parceiro], para que eu pudesse demonstrar apropriadamente as técnicas: no primeiro sábado, Dimitri Nogueira Faria e no segundo, Mirla Fernandes (os dois também *shodans* do grupo Nova Era).

uke [atacante] com o *nague* [defensor]. Uma pessoa segura o pulso da outra (ataque de *gyaku hanmi katate tori*), que pesquisa em que medida seu corpo está livre para se movimentar, com exceção do ponto de atrito (o pulso). Este exercício nos mostra que, ao invés de focarmos no atrito, devemos buscar opões disponíveis de movimentação livre. Também discutimos o conceito de *ma-ai*, ou espaço correto entre praticantes.

2. Condução: exercícios nos quais um parceiro conduz o outro, proposto de três maneiras: condução livre pelo contato leve das mãos, condução de olhos fechados e condução até o chão. A ideia é que um parceiro cole a mão na mão do outro, delicadamente. E que aquele que é conduzido trabalhe sua percepção corporal através de sua disponibilidade para o movimento, pela intenção e estímulo de quem o conduz. Assim, podemos perceber em que medida nosso corpo está atento ao *estar com* o outro e age no sentido de mover-se com prontidão, de forma equilibrada e centrada.
3. Não resistência: exercícios que servem para pesquisar a aplicação de força e o conceito de vazio. Aqui, pesquisamos a noção de *ir com*, em contraste com a noção de *ir contra.* Notadamente, praticamos técnicas que exploram a circularidade do movimento, usando o mesmo ataque de *gyaku hanmi katate tori* com uma saída de *tenkan* (um giro). Pesquisamos em que medida há necessidade de aplicação de força no conflito e como podemos aproveitar a energia do ataque para criar harmonia entre os parceiros. Também foram executados exercícios de não resistência através de condução corporal, com

um parceiro deitado de olhos fechados e o outro a conduzir pelo toque sutil movimentos de giro no chão.

4. Centro: exercícios para explorar o conceito de base, através da percepção da posição de *kamae* (posição básica a partir da qual se inicia a movimentação do aikido). Exercitamos o andar centrado e também a exploração de pontos de equilíbrio e desequilíbrio. Desta forma, experimentamos que há formas mais eficazes e equilibradas de se movimentar, mesmo quando somos atacados e estamos numa situação de conflito.
5. Demonstração: exemplos de rolamentos (*ukemi*), técnicas e estratégias para garantir uma queda segura e fluida, com máximo aproveitamento de energia. Exploramos também o conceito de queda enquanto passagem e algumas implicações filosóficas, com a desconstrução dos aspectos negativos da queda em nome de uma concepção mais natural e não resistente. Em seguida, demonstramos uma movimentação mais vigorosa, com a realização de um *jiyu waza*, que é uma dinâmica de ataque e defesa realizada de forma fluida e sem interrupções. Desta forma, pudemos evidenciar também a natureza fundamental do aikido enquanto arte marcial.

Após as práticas corporais, nos sentamos para conversar. Eu e meus colegas aikidocas contamos nossas histórias no aikido: como começamos, que impacto tem a prática em nossas vidas, como conciliamos o que aprendemos com nosso cotidiano. De forma geral, estas foram as percepções e as reflexões principais:

- O ambiente escolar é repleto de conflitos, e o aikido seria de grande utilidade por tratar justamente do conflito e de tudo que dele advém.
- Há uma dificuldade com o toque, com o contato corporal entre as pessoas. Nesse sentido, a prática do aikido é muito útil.
- As questões que a filosofia do aikido tocam seriam também de grande utilidade se discutidas no ambiente escolar. A filosofia oriental, de forma geral, traz maneiras interessantes de abordar os aspectos conflituosos da vida cotidiana. Nesse sentido, ficou claro o choque entre os valores competitivos da sociedade ocidental e o que o aikido propõe.
- A filosofia do aikido foi bem recebida, mas devido ao curto tempo da oficina, ficou claro que o trabalho de unificar filosofia e prática depende de treinamento constante e diligente a longo prazo. Após nossa demonstração no final da oficina, houve uma dificuldade (que é natural) em entender como aquela prática marcial pode conter aquela filosofia. Minha percepção é que, devido ao vigor da demonstração, houve um choque, algo como: "como isto pode ser aquilo?". Na verdade, explicamos que o aikido é uma arte cujo entendimento satisfatório depende da integração do corpo, mente e espírito; onde cada ser tem seu tempo e sua linearidade. Não há, como na escola, um currículo a ser seguido por todos. No aikido, há uma forma, mas ela está em fluxo. Abordei também outras peculiaridades do aikido, as opções de espaços para treinar em São Paulo, além de outras questões práticas.

- No aikido, há mestres. Mas todos são nossos mestres, porque durante a prática cada corpo, experiente ou não, nos fornece dados perceptivos para que diversos aspectos da técnica sejam trabalhados e ajustados. Ao mesmo tempo, há um evidente respeito pelo mestre e por tudo que ele representa, o que surgiu na nossa conversa com o contraponto "o mestre na escola não é respeitado". E a partir, daí conversamos: que mestre é esse? Por que ele não é respeitado? No aikido, o mestre é respeitado principalmente porque ele trilhou com sucesso um caminho que você também quer trilhar. Então, o praticante segue seu rastro com confiança e respeito, porque o mestre é alguém que ele quer ser. E ao praticar constantemente, você se torna seu próprio mestre por amor ao mestre. Os dois são um e são diferentes.
- As práticas que experimentamos trouxeram uma sensação de paz e equilíbrio. Todos nós saímos relaxados e tranquilos, o que é algo comum nos relatos da prática do aikido. Refletimos que há uma necessidade grande por este tipo de prática frente aos desafios da vida na sociedade contemporânea, principalmente nos grandes centros urbanos. Surgiram conversas sobre meditação e respiração, sobre como seria interessante e importante trilhar estes caminhos na escola.

O criador do aikido, Morihei Ueshiba, dizia que sua arte marcial continha uma receita para a felicidade e a harmonia de toda a humanidade. Acredito que todos nós ali ficamos com esta sensação, de haver um jeito, uma forma de viver em harmonia com tudo e todos. Temos a consciência de como é difícil viver a coletividade e a multiplicidade. Mas, por um breve período, juntos tivemos um vislumbre do que é a unidade. Como pesquisador, aquela oficina aparentemente simples serviu para me mostrar um caminho que quero seguir, que faz sentido para mim porque revela o objetivo último da existência como a vejo: estarmos juntos, vivermos juntos e sermos completos e felizes juntos. Quando pratico aikido, no final do treino, às vezes tenho uma clara percepção de que nada mais falta, de que tudo está em seu lugar. Eu entro no carro, olho pra frente e dirijo. E sinto, vejo, percebo que tudo está no seu lugar, que todas as coisas estão em fluxo e que nenhuma delas está errada ou certa. Que as coisas estão e são um balé. Sinto que ali eu sou o todo e o todo sou eu. Aos poucos, na medida em que o caminho é percorrido, essa percepção se esvai entre pensamentos, decisões e acontecimentos. Mas fico pensando o quanto seria fantástico estar o tempo todo mergulhado naquela percepção de unidade.

Depois da oficina, quando fechei a porta da sala, olhei para o corredor e tive esta percepção de unidade. Minha pesquisa sou eu. E eu sou ela. Por isso, o grito de guerra do aikido é *Masakatsu agatsu katsuhayabi*: a verdadeira vitória é sobre nós mesmos aqui e agora. Seja você seu próprio mestre e deixe que todos sejam seus mestres. O outro é você e você é o outro.

Referências

CURADO, Olga. *Viver sem crise*. São Paulo: Leya, 2013.

HERRIGEL, Eugen. *A arte cavalheiresca do arqueiro Zen.* São Paulo: Pensamento, 2011.

LEVINE, Donald N. *The many dimensions of aiki extensions.* Revised version of talk presented at the *Fifth International conference of Aiki Extensions*, Inc., University of Augsburg, Germany, July 25, 2003. Disponível em: <http://www.aiki-extensions.org/pubs/many_ dimensions.pdf>. Acesso em: 3 jul. 2014.

______. Martial arts as a resource for liberal education: the case of aikido. In: KIYOTA, M.; KISHONITA, H. (Ed.). *Japanese martial arts and american sports:* cross-cultural perspectives on means to personal growth. Tokyo: Nihon University, 1990. p. 173-187. Disponível em: <http://www.aiki-extensions.org/pubs/Levine_ch11.pdf>. Acesso em: 26 maio 2014.

______. The liberal arts and the martial arts. *Association of American Colleges, Liberal Education,* v. 70, n. 3, 1984. Disponível em: <http://aiki-extensions.org/pubs/liberal_martial_arts.pdf>. Acesso em: 1 jul. 2014.

NAGATOMO, Shigenori. *Attunement through the body.* Albany: State University Of New York Press, 1992.

OKANO, Michiko. *Ma: entre-espaço da arte e comunicação no Japão*. São Paulo: Annablume, 2012.

SAOTOME, Mitsugi. *Aikidô e a harmonia da natureza.* 4. ed. São Paulo: Pensamento-Cultrix, 2011.

SAKANASHI, Masafumi. *Aikido:* o desafio do conflito. São Paulo: Pensamento, 2011.

UESHIBA, Kisshomaru; UESHIBA, Moriteru. *O melhor do aikido:* os fundamentos. São Paulo: Pensamento-Cultrix, 2006.

UESHIBA, Morihei. *A arte da paz.* Rio de Janeiro: Rocco, 2002.

YUASA, Yasuo. *Overcoming modernity:* synchronicity and image-thinking. Albany: State University Of New York Press, 2008.

YUASA, Yasuo. *The body, self-cultivation and ki-energy.* Albany: State University Of New York Press, 1993.

COLAGEM COMO LINGUAGEM

Anike Laurita

Introdução

Todos nós, provavelmente em nosso período escolar, fomos incentivados pelo professor ou professora de artes a fazer uma colagem. Essa técnica que se popularizou com Picasso e Braque no início do século XX, na fase a que chamamos de Cubismo Sintético, logo transformou-se num recurso para o ensino de artes, provavelmente por seu caráter lúdico e expressivo, mas por certo por corresponder a uma nova forma de ver e produzir artes.

Se percorremos a História da Arte Moderna e Contemporânea, de forma linear ou não, observaremos que a colagem, como técnica e linguagem, permeia praticamente a produção de todos os movimentos e estilos, em suas mais diversas possibilidades estéticas. Da escultura futurista, ao Ready-made de Duchamp, as fotomontagens dos dadaístas, surrealistas e construtivistas russos, as instalações e assemblages dos anos 1950 e 1960, os combines de Rauschemberg, as colagens e manipulações de imagens da Pop Art e quase toda a produção contemporânea de artes, contam com as características formais da colagem: a polimatéria, o encontro entre materiais heterogêneos, a junção de universos dissonantes, a inclusão da real, do cotidiano e do ordinário na obra de arte, a aproximação com a sociedade de massa, seja através de materiais industriais ou de sua estética, a ruptura com a estética clássica (figuração, profundidade, perspectiva).

A colagem como linguagem, poderia então nos oferecer uma possibilidade de compreender e conhecer alguns aspectos da história das artes? Será que ao analisarmos obras e artistas que trataram sua produção a partir desta técnica, fazendo leituras mais consistentes destas imagens, podemos ter uma dimensão expressiva do que elas comunicavam sobre o mundo, o contexto histórico e cultural a que estão atreladas? É possível construir, no ensino de artes, um pensamento crítico das representações visuais e da estética contemporânea, através do estudo da colagem e de suas reverberações?

Essas foram questões que nortearam a construção desta oficina, pensando na formação dos professores de artes e também na forma como a colagem é abordada nas aulas de artes.

Destacando os objetivos

Considerando que é preciso sempre repensar nosso trabalho como arte/educadores e que a formação do professor está sempre carente de novas possibilidades de aprendizagem, vinha observando como a colagem era apresentada e aplicada no ensino de artes, para repensar meu próprio repertório de saberes como educadora e para pensar como transformar minha pesquisa em colagem, não apenas em uma forma de conhecimento teórico e específico, mas em um meio de aprender e fazer artes.

Com a possibilidade de oferecer esta formação aos professores da rede pública de ensino, pude experimentar e compartilhar algumas dessas ideias e as questões e objetivos ficaram mais evidentes: apresentar aos professores uma atividade artística facilitadora para aulas expositivas/

propositivas; reconhecer o fazer da colagem como uma possibilidade para o estudo de aspectos da Arte Moderna e Contemporânea em sala de aula e de seus principais estilos e movimentos, e estimular o uso de materiais simples e ordinários, apropriados do cotidiano, como revistas, jornais, anúncios entre outros, na elaboração de trabalhos dos alunos, inserindo-os assim na estética moderna e contemporânea.

Para tanto, preparei uma apresentação, selecionando importantes obras de artistas do século XX e XXI e conceitos básicos que pudessem esclarecer ou clarear nossas ideias sobre a colagem e certas dimensões da história das artes. Tendo como referência, importantes autores como Gombrich e Amy Dempsey, procurei imagens de colagens ao longo da história das artes que foram dispostas nos slides de forma cronológica. Essa escolha afirma um aspecto do estudo das artes que não me parece muito interessante agora enquanto escrevo esse texto, mas naquele momento me pareceu uma boa maneira de apresentar, digamos, uma micro-história da colagem, inserida na macro-história das artes, de forma linear, focando nas artes ocidentais e hegemônicas europeias, a tal "história oficial".

Também apresentei aos professores o livro *Cutting Edges – Contemporary Collage*, que tem o prefácio escrito por James Gallagher, um importante colador e estudioso da colagem contemporânea. O livro apresenta artistas e ilustradores que estão produzindo colagens e conta com imagens de trabalhos de colagens digitais, uma informação importante para se discutir as questões dos novos mídias na produção artística atual e como a escola está preparada ou pode se preparar para lhe dar com essas novas ferramentas.

Por fim, mencionei alguns aspectos da pesquisa da professora Annateresa Fabris, professora da Escola de

Comunicações e Artes da Universidade de São Paulo que estuda as relações entre fotografia e artes visuais. Fabris nos apresenta em sua pesquisa importantes noções sobre o surgimento da colagem nas artes modernas e seus ecos nos fundamentos da produção artística de lá para cá.

Dessa forma, pretendia demonstrar que a colagem, assim como outras técnicas como a pintura, a escultura e a fotografia, tem uma relevância na forma como hoje pensamos e vemos artes e que estudar a colagem e empregar suas potencialidades plásticas e expressivas nas aulas, pode resultar em interessantes experiências estéticas e novos conhecimentos, afinal, as artes são (mais) uma forma de elaborar o mundo.

Planejando e executando

Assim, planejei as oficinas

A partir da técnica da colagem e suas diversas possibilidades estéticas e narrativas, trabalhar dimensões artísticas como cor, profundidade, composição, plano e volume, explorando ainda, estilos, escolas e movimentos da Arte Moderna e Contemporânea, através da seleção e apresentação de artistas nacionais e internacionais que se utilizaram desta linguagem.

Munidos de materiais e de referências visuais, propõe-se aos participantes a criação de colagens e posterior análise, estimulando a criatividade, a expressividade e a potência crítica da obra de arte, preparando-se assim para a elaboração de atividades posteriores na sala de aula.

Assim, com o acaso, o presente e o corpo-a-corpo ela aconteceu

Nos dois dias de oficinas, a sala contava com o número de 20 professores em cada dia. Iniciamos com a apresentação de ideias, conceitos básicos, numa conversa o mais participativa possível. Era importante saber se eles usavam colagem na escola, como usavam e sua relação com a história das artes, sempre bastante relegada no ensino de artes nas redes públicas brasileiras, até onde consigo observar. Em seguida, projetamos as imagens, pedi que cada uma delas fosse observada com atenção e os professores eram incentivados a fazer leituras das imagens e dizer o que sabiam sobre elas. Por fim, apresentava uma contextualização histórica e informações sobre o estilo, escola, movimento, artista, materiais utilizados e o que poderia ser explorado numa aula sobre aquelas colagens. Por exemplo: trabalhar a narrativa nas colagens surrealistas, os materiais e a sociedade de massa nas colagens dadaístas, a perspectiva, a cor e a profundidade nas colagens cubistas e abstratas, questões políticas e culturais nas colagens construtivistas etc.

Na última ação desta primeira parte da oficina, pedi que os professores olhassem os livros que trouxe como referências.

Em seguida, passamos para a segunda parte da proposta, a prática. Contando com muitos materiais e uma boa estrutura, foi possível ter um tempo de experimentação, fundamental para a assimilação do que havíamos conversado até então. A sugestão foi que cada um realizasse três colagens: uma ao estilo dadaísta, uma ao estilo surrealista e uma abstrata ou concreta. Eles poderiam deixar de fazer qualquer uma caso não se sentissem dispostos e eleger apenas um estilo. Mas, para minha surpresa, todos, nos dois dias, executaram as três proposições e muitos foram mais além.

Nos últimos 20 minutos, expusemos e analisamos juntos os trabalhos.

Avaliação

O resultado desta experiência não trouxe nenhuma resposta direta e imediata para os questionamentos iniciais, mas suscitou novas perguntas que estimulam minha formação como arte/educadora e o interesse em estudar formas de saber e ensinar artes.

Foi surpreendente o interesse dos professores por tudo que estava sendo apresentado e como a maioria deles realmente nunca havia pensado a técnica da colagem como uma possibilidade de também ensinar teoria ou história das artes. Ela é muito utilizada, como os próprios relatos dos participantes, para estimular a livre expressão, sem um objetivo ou conteúdo claro, de forma descontextualizada as vezes. Mesmo assim, quase como uma atividade natural do ser humano, de separar e juntar, retirar e colocar, ela é quase sempre bem-vinda e às vezes frutífera. Muito menos pensavam esses professores em apresentar a colagem para apreciação, como se costuma fazer com a pintura e outras linguagens artísticas, a fim de criar um repertório visual e preparar os alunos para "ler" imagens, apropriando-se de suas potências narrativas e iconológicas.

Outro fato surpreendente foi a alegria e a disposição ao experimento, a hora de colar. Um momento de envolvimento, de fruição, em que todos estavam compenetrados e que o tempo foi suspenso. Assim, lá estavam os professores no lugar de seus alunos, no lugar da aprendizagem, da experiência. Escolhendo materiais, trocando com os colegas, reclamando que não eram bons naquilo, contando histórias, mostrando suas habilidades.

Muitos relataram como sentem falta desses momentos em seu cotidiano, como pararam de produzir e criar, como sentem falta de voltar a estudar, como há tempos não passavam um momento tão significante. Na hora de pedir que parassem suas colagens para termos os últimos minutos para compartilhar e conversar sobre os trabalhos, que frustração, queremos mais!

Esses fatos chamam muita atenção para a nossa formação como professores de artes. Parece-me que estamos em um momento no qual é preciso construir uma nova forma de ensinar artes, de aprender artes, de compartilhar vivências artísticas e estéticas. Os atuais métodos já não comportam as novas formas de conhecimento e relações com o mundo, para que as artes continuem sendo uma importante forma de apreender e elaborar a vida, incluída dentro da educação, acredito que precisamos ouvir os professores que já estão em exercício e os que em breve se tornarão, precisamos trocar, compartilhar e pensar juntos em novas propostas para a arte/educação. Essa foi uma pequena prova da importância disso que os professores apresentaram de forma muito aberta.

Referências

BARBOSA, Ana Mae (Org.). *Arte educação contemporânea*: consonâncias internacionais. São Paulo: Cortez, 2005

DEMPSEY, Amy. *Estilos, escolas e movimentos*: guia enciclopédico da arte moderna. São Paulo: Cosac Naify, 2003.

FABRIS, Annateresa. *O desafio do olhar*: fotografia e artes visuais no período das vanguardas históricas. São Paulo: Martins Fontes, 2011;

GOMBRICH, E. *A história da arte*. Rio de Janeiro: Zahar, 1985.

GALLAGHER, HELLIGE; GALLAGHER, KLANTEN (Org). *Cutting edges*: contemporary collage. Grã-Bretanha: Gestalten, 2011.

MATERIAIS DE PERCUSSÃO: SONORIZAÇÃO E RECICLAGEM

Bruno Sciuto
Mônica Matie Fujikawa

Introdução

A oficina foi desenvolvida de forma prática, com a construção de instrumentos a partir de matérias recicláveis trazidos pelos participantes. Realizamos, também, jogos musicais e cantamos canções associados ao campo da Música Popular Brasileira (MPB). A sensibilização musical foi desenvolvida através de exercícios de percepção sonora e também a partir da utilização de garrafas PET, baldes, cestos grandes de lixo, embalagens, latinhas e outros objetos que possam produzir sons.

A proposta dessa oficina partiu dos seguintes objetivos:

- Sensibilização sonora: ampliação da capacidade auditiva, usando como estímulo as mais variadas fontes sonoras. É importante o desenvolvimento de um "universo sonoro", tanto quantitativo como qualitativo.
- Desenvolvimento da socialização através das atividades musicais em grupo.
- Aprender a tocar e improvisar ritmos.
- Construir instrumentos de percussão a partir de garrafas PET e outros materiais.

Umas das fontes de inspiração para esse trabalho é o grupo inglês Stomp, que começou com duas pessoas, Luke

Cresswell e Steve McNicholas, tocando nas ruas de Brighton no verão de 1991. Com muita espontaneidade e expressão corporal, os artistas realizam performances, produzindo sons e ritmos musicais através de sucata, material reciclável e objetos de todo tipo (plástico, metal, madeira, vassouras, caixa de fósforos, latas de lixo etc.), além de usar o próprio corpo como instrumento de percussão. Acredito que esse tipo de trabalho que une musica, dança e teatro é um ótimo referencial para se realizar projetos educacionais inovadores e contemporâneos.

Destaco também o excelente trabalho do grupo Sucateando, coordenado pelos brasileiros Marco Antonio Cândido e Kiko Menezes.

Roda de ouvir e sentir

Formamos um círculo, os participantes ficaram com os olhos fechados enquanto eu, que coordenava a proposta, espalhava delicadamente, os materiais recicláveis (principalmente garrafas PET, latinhas e diversos tipos de embalagem) pelo chão. Esse já é um primeiro momento de romper com a forma de ouvir ou de não ouvir das pessoas. Bloqueamos a visão para aguçar os ouvidos e assim perceber sons que até o momento tinham passado despercebidos.

Em seguida, toquei no braço de um participante e o levei para passear nessa "piscina de embalagens", também estimulei outras pessoas a passearem com os olhos fechados, sem serem guiadas por mim. Quando todos estavam no meio das embalagens, pedi para que abrissem os olhos e voltassem para os seus lugares. Sentados, realizamos uma discussão sobre esse primeiro movimento.

Considero importante realizar essa sensibilização para abrir a novas possibilidades auditivas, perceber o que nunca tinha sido percebido, dar valor aos pequenos sons e aos movimentos que os revelam. Se pedir para pegar uma garrafa PET e já construir algum instrumento, pulamos uma parte importante! Perceber que o som está em todos os lugares, e no movimento das coisas é importante! Quando estamos sensibilizados, avisados e valorizamos essas produções sonoras, a experiência se torna mais rica e o fazer produz mais frutos.

Escolha e descrição

A nossa pesquisa sonora agora se dá com os olhos abertos, com a escolha de um "objeto sonoro". Cada pessoa escolhe um objeto do chão para manusear e descobrir as suas possibilidades sonoras! Depois deste momento cada um deve apresentar para o grupo o que foi descoberto em termos de sonoridade e plasticidade do objeto escolhido. Os participantes comprometeram-se com essa escolha e com a descrição, apresentando minuciosamente o que viam e sentiam.

Criação de um ritmo improvisado

Realizo uma breve explicação: que faremos um ritmo improvisado com a ajuda de todos! Os participantes da oficina continuam em um círculo. Peço a alguém que comece um ritmo e assim por diante, em sentido horário ou anti-horário. Todos devem propor um ritmo para compor a música que está sendo criada. Realizo, também, durante esse exercício, um exercício de regência, para o qual escolho alguns instrumentos para tocarem em naipe. Por exemplo: somente os chocalhos, somente as garrafas ou um grupo de três pessoas que estão próximas ou apenas um dos participantes e um dos instrumentos que é tocado individualmente, até que após um sinal de minha parte, todos voltam a tocar juntos novamente! Pode-se gravar essa parte e ouvir depois!

Essa atividade é importante para desvelar os saberes individuais e igualar a todos em uma produção musical. É uma oportunidade de se trocar repertórios e vivências musicais.

Construir e tocar instrumentos

Após o desenvolvimento das etapas descritas anteriormente, podemos dar início ao processo de criação de alguns instrumentos. Partimos dos objetos que são identificados pelos participantes como já prontos para serem tocados, sem a necessidade de transformações mais radicais. Como, por exemplo, o som produzido por duas garrafas PET de 2 litros. Ao se bater uma na outra, é possível a escuta de um som muito interessante. Em seguida, manipulamos os objetos com objetivo de transformá-los em instrumentos sonoros.

Alguns instrumentos construídos nessa oficina:

1. agogô com duas garrafas PET de tamanhos diferentes – as duas garrafas são fixadas com fita adesiva pelas bocas.
1. Chocalhos de tamanhos diversos e com sementes diversas.
2. Com um conduíte flexível para passar fio de eletricidade, pode-se fazer um pau de chuva, reco-reco e também um efeito sonoro de apito, girando-o.

3. Ventallho: que é um nome inventado! Corta-se o fundo de uma garrafa PET e depois, na vertical realizam-se cortes, em tiras na direção do bocal da garrafa. Essas tiras podem ser finas ou grossas. O que resultará em um efeito sonoro diferente.
4. Duas garrafas PET de 2,5 litros repercutidas uma na outro, como já tinha citado antes, produz um som muito interessante!
5. Com a união do conduíte e uma garrafa PET de 2 ou 2,5 litros, pode-se fazer uma espécie de "berrante".
6. Saquinhos de plástico.
7. Colocar tampinhas de garrafas dentro de um saquinho para realizar efeitos sonoros. Pode-se também pegar as tampinhas de garrafas e pendurá-las com um barbante para a realização de um chumaço sonoro! Não realizamos nesta oficina devido à falta de tempo.
8. As baquetas podem ser desenvolvidas com espetinhos de churrasco.
9. Outros instrumentos sugeridos pelos participantes.

Após a finalização dos instrumentos, no exercício de operar cada um produzindo sons diversos, é possível desenvolver alguns ritmos como: baião, ritmo da Capoeira, samba e samba-reggae. A partir da figura rítmica principal de cada ritmo, pode-se criar adaptações para os instrumentos construídos durante a oficina.

Como último desafio, propõe-se tocar e cantar algumas canções conhecidas para encerramento da oficina com breve apresentação coletiva. Lembramos, também, que existem diversas possibilidades para criação com os instrumentos produzidos. Alguns exemplos: criação de trilhas sonoras para acompanhamento de contação de uma histórias; criação de uma história sonora, desafiando os ouvintes para fecharem os olhos e apenas ouvirem os instrumentos.

É importante lembrar que o processo de musicalização proposto nessa oficina não se constitui uma etapa inicial para aprendizado de instrumentos clássicos, conhecidos e que constituem tradicionalmente nossa cultura musical. Trata-se muito mais de exercícios sonoros e plásticos, na medida em que integram manipulação de materiais, identificação e mesmo criação de formas e texturas com sonoridade. São exercícios de sonoridade e sensibilidade de escuta mais do que exercícios preliminares para se aprender a tocar um instrumento reconhecido como tal em nossa cultura. Cumprem a função de aproximação à escuta sensível, bem como de aproximação à noção rítmica. Cumprem a função de mostrar aos professores a possibilidade de pesquisa sonora junto aos seus alunos, e com isso desenvolver atenção, criação coletiva e capacidade de ouvir o outro e a si mesmo.

Referências

ABEMÚSICA. Associação Brasileira da Música. *A importância da música para as crianças.* 1. ed. 2002.

ANTUNES, Celso. Jogos para o estimulo das múltiplas inteligência. 9. ed. Petrópolis: Vozes, 2001.

BRITO, Teca de Alencar. *Música na Educação Infantil:* propostas para a formação integral da criança. São Paulo: Peirópolis, 2002.

GARDNER, Howard. *Inteligências múltiplas*: a teoria na prática. Artmed, 2000.

SCHAFER, Murray. *O ouvido pensante*. 3. ed. São Paulo: Unesp, 2009.

O TEATRO EM SALA DE AULA

Simone Alves Costa

A oficina "Teatro em sala de aula" teve como objetivo principal instrumentalizar o professor de artes para trabalhar com a linguagem cênica em sala de aula, a partir da vivência de uma sequência didática com imagens e improvisação.

Um dos critérios para a elaboração da proposta da oficina foi o público-alvo, composto por professores do componente curricular Arte, da Prefeitura de São Paulo, cuja especialização nas linguagens artísticas poderiam ser diversas, bem como o público que os professores de artes atendem também são diversos: Ciclo de Alfabetização, Ciclo Interdisciplinar, Ciclo Autoral, Educação de Jovens e Adultos (EJA) e Ensino Médio.

As concepções da arte educação, bem como das especificidades das linguagens artísticas estão consolidadas tanto pelas publicações de pesquisas da área quanto em documentos oficiais, no entanto, há a necessidade de refletir como se dão as práticas do componente curricular Arte nas escolas.

O ensino do teatro, por exemplo, ainda enfrenta dificuldades para ser efetivado nas escolas. Segundo o relato dos professores presentes nas oficinas, existem uma série de fatores dificultadores dessa prática: falta de local apropriado, pois muitas escolas dispõem apenas da sala de aula para trabalhar; falta de conhecimento dos próprios professores de artes, pois muitos têm sua formação em artes visuais, não tendo experiência em trabalhar com as artes cênicas; ao trabalhar os jogos teatrais ou dramáticos com os estudantes, queixam-se da falta de entendimento dos próprios estudantes de que estão trabalhando conteúdos pertinentes à prática; dificuldade que todos os estudantes participem das atividades propostas, alegando que alguns são muito tímidos, dentre outros.

Dentre esses fatores destacados, podemos identificar tanto questões estruturais, tais como falta de espaço, quanto as questões referentes à formação inicial e referentes à clareza dos objetivos de aprendizagem próprios do teatro.

A seguir, farei o relato de como se deu a oficina, com destaques para aprofundamentos adiante.

A oficina

A oficina iniciou-se com relaxamento, todos foram convidados a tirarem os sapatos e deitarem-se no chão. Ao som da música, dei os comandos de sentirem a respiração, o ritmo da respiração, as partes do corpo que encostam no chão, relaxar as partes mais tensas. Após o relaxamento, todos sentaram-se em roda e fizemos uma apresentação inicial. Cada um falou sobre sua formação inicial, o público com o qual trabalha e suas expectativas em relação à oficina. Neste momento, observei que a maioria dos professores tinham sua formação em artes visuais, com público de estudantes de diferentes níveis de ensino e que procuravam diversificar suas práticas. Alguns iniciaram o trabalho com o teatro na escola com da leitura de livros da área e suas experiências, outros gostariam de ampliar o repertório.

O aquecimento foi proposto em roda, e ao som da música, cada um propôs um movimento diferente de aquecimento corporal e os demais imitavam. Após esse aquecimento, para trabalhar a percepção de grupo e de espaço, propus que andassem pelo espaço e quando um integrante do grupo parava de andar, todos paravam; quando um integrante volta a andar, todos andavam.

Após o breve aquecimento, expliquei a proposta de trabalho, e eles tiveram que se dividir em grupos. Cada grupo teve que escolher três imagens de obra de arte. Nos grupos, eles fizeram uma breve leitura de obra, observando o que estava acontecendo na cena e colocando as imagens numa sequência: 1ª, 2ª e 3ª. Inicialmente, o grupo tinha que reproduzir as imagens em forma de estátua, ou seja, criar uma cena estática. Para isso tinham que definir quem ia ser quem, fazer a interpretação das ações e do espaço. Eles tiveram que fazer essa reprodução das cenas estáticas das três imagens. Na sequência, eles tiveram que fazer a transição de uma imagem para a outra, na ordem preestabelecida pelo grupo, em cinco tempos, ou seja, fazer a 1ª imagem, contar até cinco até chegar na 2ª, contar até cinco e chegar na 3ª imagem.

Concluída essa primeira etapa, os grupos se apresentaram para o coletivo. A partir da sequência criada, cada grupo teve que definir o onde, o quê e o quem, ou seja, o lugar, a ação e o personagem, três elementos que fundamentam a linguagem teatral. A partir dessas definições, os grupos criaram suas cenas, introduzindo as falas, quando necessário, e apresentaram para o coletivo. No entanto, para estas apresentações, a plateia foi convidada a avaliar a cena, sob o critério do que foi solicitado para a cena: a definição do onde, que e quem, ou seja, perguntei se estava claro, por meio da cena apresentada, esses três aspectos.

Voltando aos grupos, foi dada uma folha para registrar a cena apresentada. Após o registro, troquei os papéis entre os grupos, ou seja, as cenas foram trocadas e o grupo teve que ler a cena recebida e, a partir do que observou na apresentação, propor alternativas. Então todos ensaiaram e apresentaram para o coletivo. Por fim, foi feita a avaliação final do processo.

Existem inúmeras possibilidades de desdobramentos dessa proposta de criação cênica, tais como juntar todas as cenas apresentadas, montar uma história única, aprofundar a escrita das cenas, sob o aspecto da introdução e aprofundamento do gênero dramático, dentre outros.

Na avaliação da proposta, foi analisado como seria possível introduzir essas práticas na escola, levando em conta as questões estruturais de tempo e espaço, bem como a apropriação das propostas para cada nível de ensino. Nesta reflexão, apontei alguns caminhos possíveis de adaptações das propostas de acordo com a idade dos estudantes, as condições estruturais e o nível de complexidade relacionados ao nível de apropriação da linguagem teatral e da autonomia dos estudantes em relação à organização grupal. Desta maneira, cabe ao professor adaptar as propostas e mediar as práticas para que os estudantes se apropriem desta linguagem artística.

Sobre o teatro na escola

A partir da descrição da oficina, destacaremos alguns aspectos relevantes para a compreensão e aprofundamento das práticas do teatro na escola. Um aspecto fundamental é a contextualização, no Brasil, da sistematização da pedagogia do teatro, tendo como viés a concepção do teatro como linguagem e conhecimento.

Uma das influências mais importantes e difundidas no ensino do teatro brasileiro dentro da concepção do teatro como linguagem é a pesquisa e metodologia de Viola Spolin, cuja tradução de seu livro foi feita por Ingrid Dormien Koudela e Eduardo Amos. A tradução de seu livro *Improvisação para o teatro* foi feita em 1979, a partir de pesquisas de Ingrid Koudela, que juntamente com Maria Lúcia Pupo investigaram a proposta spoliniana com o grupo de pesquisadores em teatro e educação da Universidade de São Paulo.

Viola Spolin delimitou os principais aspectos da linguagem teatral de caráter improvisacional, que valoriza a espontaneidade. O que Viola Spolin propõe basicamente é a experienciação do teatro através dos jogos teatrais enfatizando os principais aspectos dessa linguagem para estar no palco, que são: o foco, ou ponto de concentração do jogador para a busca de soluções posto pelo professor ou coordenador dos jogos, a instrução do professor durante a resolução do problema, sendo que essa instrução não é no sentido do encaminhamento da solução e, sim, instruções sobre as regras do jogo.

Na proposta dos jogos teatrais, dentre outros aspectos, destacaremos a função da plateia, que tem uma atitude ativa, pois observa os jogadores, avaliando se os objetivos foram atingidos e a forma com que o problema foi resolvido e por fim a avaliação coletiva dos resultados obtidos, que é feita por todos os componentes do grupo, ou seja, tanto pelos jogadores-atuantes quanto pelos jogadores-observadores.

Os estudos de Viola Spolin, Ingrid Koudela e Maria Lúcia Pupo apontam para a questão de que o teatro na escola não pretende formar atores, mas sim oportunizar a todos os estudantes o aprofundamento do conhecimento desta linguagem.

Além do conhecimento dos fundamentos da linguagem teatral, podemos investigar esta linguagem sob a perspectiva do objeto cultural, ou seja, do teatro como uma manifestação artística inserido numa determinada cultura ou contexto.

O teatro se caracteriza por ser uma arte efêmera, do acontecimento, acontece naquele momento, com as pessoas que estão presentes ali. Portanto, para que possamos avaliar o processo de aprendizado desta linguagem, é fundamental planejar e sistematizar as formas de registros que serão utilizados como instrumento de avaliação. Tais instrumentos podem ser variados, de acordo com as características do grupo e com os objetivos de aprendizagem planejados. Podemos utilizar fotografias, diário de bordo, pautas de observação, desenhos, filmagens, narrativas, dentre outros. Vale ressaltar que o grupo de estudantes participa tanto da avaliação ao longo do processo, dentro da perspectiva spoliniana já citada, como também da produção dos registros do processo. Desta maneira, a avaliação do processo pode se dar tanto de maneira coletiva quanto individual, concomitantemente.

Ao registrar o processo de maneira sistemática e criteriosa e estabelecer momentos de avaliação, os estudantes começam a observar e perceber os caminhos percorridos e as aprendizagens adquiridas neste percurso, aprimorando também suas formas de autoavaliação.

Outro aspecto importante a ser destacado diz respeito a como se deu a integração e interação das linguagens artísticas. O ponto de partida para a criação das cenas foram obras de arte de três artistas renomados: Henri Matisse, Pierre Auguste Renoir e Edgar Degas. O principal critério para escolha das obras foi a presença de pessoas fazendo coisas, ou seja, foi a ação. A palavra "drama" vem do grego *draos* que significa ação. Já a palavra teatro vem de *teatrum* que significa lugar de onde se vê. Ou seja, a ação é feita num lugar que pressupõe alguém que vê e é aí que o fenômeno teatral acontece. Portanto, ao constatarmos que a natureza do teatro é a ação, podemos repensar em algumas práticas do teatro na escola que inicia pela adaptação de um texto literário de gêneros diversos para uma peça teatral, ou ainda, por testes de personagens, ou pela ilustração de temas históricos. Em sua essência, o teatro comunica algo a alguém por meio, principalmente, da ação.

Portanto, o mote para a proposta de jogos teatrais, para criação de cenas, pode variar. A escolha de obras de arte para a criação de cenas foi feita para ampliar as possibilidades de práticas do ensino de artes. No caso da proposta da oficina em questão, as obras de arte (artes visuais) foram um recurso utilizado para trabalhar o teatro, no entanto, o professor também poderia optar por uma contextualização das obras e trabalhá-las sob a perspectiva da abordagem triangular sistematizada por Ana Mae Barbosa. A música estava presente também como um recurso de relaxamento e marcação do ritmo para o aquecimento, ou seja, em função das práticas preparatórias para o trabalho com o teatro. Desta maneira, é necessário explicitar que é necessário ter clareza e qual linguagem artística está sendo aprofundada e efetivamente problematizada em relação ao aprendizado de seus códigos e fundamentos, para não incorrermos numa ideia equivocada de que, no caso da oficina em questão, as linguagens musical e visual foram devidamente trabalhadas em sua especificidade e complexidade.

A experiência da oficina de teatro para os professores de artes da prefeitura de São Paulo nos mostrou o intenso interesse de busca por conhecimentos e práticas pedagógicas que ampliem o repertório dos professores, num ímpeto de ousar experimentar outra linguagem que não o de sua formação inicial, para melhor atender aos interesses dos estudantes, com disponibilidade de, além de apontar para as questões dificultadoras de suas próprias práticas, buscar também alternativas para aprimorá-las.

Referências

AMARAL, Ana Maria. *O ator e seus duplos*: máscaras, bonecos, objetos. São Paulo: Senac, 2002.

BARBOSA, Ana Mae. *Arte-educação no Brasil.* São Paulo: Perspectiva: 2005.

BARBOSA, Ana Mae (Org.). *Inquietações e mudanças no ensino da arte.* 2. ed. São Paulo: Cortez, 2003.

BOAL, Augusto. *Jogos para atores e não atores.* 8. ed. São Paulo: Civilização Brasileira, 2005.

STANISLAVSKI, Constantin. *A construção do personagem.* 2. ed. São Paulo: Martins Fontes, 2001.

JAPIASSU, Ricardo. *Metodologia do ensino de teatro.* 3. ed. revista. Campinas: Papirus, 2005.

KOUDELA, Ingrid Dormien. *Jogos teatrais.* 4. ed. São Paulo: Perspectiva, 2001.

SANTANA, Arão Paranaguá. *Teatro e formação de professores.* São Luís: EDUFMA, 2000.

SPOLIN, Viola. *Improvisação para o teatro.* 4. ed. São Paulo: Perspectiva, 2001.

ESTAÇÃO METÁFORA

Silvana Lapietra Jarra

Viajar! Perder países!
Ser outro constantemente,
Por a alma não ter raízes
De viver de ver somente!
Não pertencer nem a mim!
Ir em frente, ir a seguir
A ausência de ter um fim,
E ânsia de o conseguir
Viajar assim é viagem.
Mas faço-o sem ter de meu
Mais que o sonho da passagem.
O resto é só terra e céu.

— Fernando Pessoa

A oficina "Estação Metáfora" consistiu em falar metaforicamente "da", "com" e "sobre" a experiência de ser professor, mais precisamente, de ser professor de artes. O principal objetivo desta oficina era o de promover, por meio de metáforas, uma escuta mais apurada do que dizem, sentem e desejam os professores de artes da educação básica da rede municipal da cidade de São Paulo.

O Grupo de Pesquisa Arte e Formação de Educadores do Instituto de Artes da Unesp tem, entre outras preocupações e frentes de pesquisa, o compromisso com a escuta do outro, com a escuta de outras línguas, com a escuta de outros mundos e de culturas diversas. Aprender a escutar e a dizer por meio de outras línguas têm sido parte do universo de pesquisa deste grupo. Mas o que qualifica a escuta? Como aproximar a narrativa dos professores de artes da experiência por eles vivida com seus aprendizes na escola básica?

Escutar implica em compromisso com o sujeito que fala e com o sujeito que escuta. Neste movimento dialógico de falar e ouvir, meu esforço como mediadora foi o de fazer o exercício do *"mestre ignorante"* proposto por Rancière – um dos autores estudado pelo grupo, buscando uma escuta mais subjetiva.

> [...] É preciso aprender com aqueles que trabalharam o abismo entre o sentimento e a expressão, entre a linguagem muda da emoção e o arbitrário da língua, com os que tentaram fazer escutar o diálogo mudo da alma com ela mesma, que comprometeram todo o crédito de sua palavra no desafio da similitude dos espíritos. (RANCIÈRE, 2010, p. 101)

Em minha experiência como formadora de professores e gestores na própria rede do município de São Paulo, pude observar e perceber que discursos explicativos, objetivos e racionalizados sobre a experiência docente não abriam as palavras dos sentimentos, dos sentidos e do coração. Nos encontros formativos, falas e discursos, quando suscitados técnica e racionalmente, traziam um discurso pedagogicamente correto que nem sempre revelava o sujeito professor. Parafraseando Lacan, eram palavras de *"bem dizer"* que não diziam onde estava o *"bem"*.

Neste sentido, a Oficina "Estação Metáfora" procurou trazer à tona a fala do sujeito professor por meio das metáforas. A palavra metáfora, deriva do grego *methafo*rá, ou *methaforé,* a qual significa: *"eu transporto"* (CUNHA, 2010, p. 423). Em seu sentido etimológico, o pensamento metafórico é aquele que transporta, desloca, transfigura, coloca em movimento o sujeito que fala e o sujeito que escuta, trazendo em seu bojo aspectos conscientes e inconscientes.

Segundo Rancière (2010), o homem emancipado é aquele que aprende por ele mesmo, e uma sociedade de emancipados seria uma sociedade de artistas:

> homens que fazem, que falam do que fazem e transformam assim, todas as suas obras em meios de assimilar a humanidade que neles há, como nos demais. (p. 104)

Os participantes da oficina foram convidados a narrar suas experiências docentes por meio de metáforas, utilizando objetos contidos numa mala baú (materiais diversos, tais como letras de música, poemas, imagens, objetos variados). A oficina iniciou-se com a leitura do poema *Viagem*, de Fernando Pessoa, seguida do convite para visitar/vasculhar a mala de metáforas trazida por mim para que pudéssemos partilhá-la com o grupo. Na organização do espaço, uma mala cenográfica repleta de objetos variados: papéis, textos, letras de música, poemas, imagens, frascos de vidros, potes descartáveis, novelos de lã, livros, pedras, contas, caixas, fitas, conchinhas do mar, folhas e flores secas, materiais diversos etc.

O convite feito aos participantes era o de pensar na viagem que fazemos enquanto pessoas e professores de artes. O que trazemos em nossa bagagem? O que gostaríamos de deixar para trás? O que retiramos de nossa bagagem? O que queremos continuar levando em nossa bagagem de professores? Assim, cada um, livremente, selecionou objetos para construir sua própria bagagem. Retalhos de TNT coloridos foram disponibilizados para que cada participante fizesse uma "trouxa" com as metáforas escolhidas.

O trabalho com as metáforas aposta que as mesmas promovem um pensamento de abertura e ampliam nossa própria escuta e nossa capacidade de escutar o outro, ampliando, também, as possibilidades de encontro com outras experiências.

Em *Escritores criativos e devaneios*, Freud compara o ato criativo à brincadeira infantil, investigando o lugar das artes, da poesia, da obra literária como possibilidade de o homem transcender o seu próprio tempo e a sua realidade pela fantasia e pelo devaneio. Do mesmo modo que a criança que brinca, o artista, ao criar, sabe distinguir em sua obra aquilo que é real daquilo que é fantasia. Pela criação artística o sujeito não só fantasia, mas consegue aproximar-se mais da realização de seus desejos mais primordiais. Na criação, o artista concretiza suas fantasias, transformando-as em obras de arte.

Toda obra, toda criação, seja ela um poema, uma música, uma pintura, gravura, escultura ou instalação, consiste numa metáfora e, assim sendo, podemos inferir que as metáforas conectam os sujeitos com os seus desejos, enlaçando passado, presente e futuro. Segundo Freud, durante a criação, alguma coisa da situação presente aciona a sua realização, despertando um dos desejos principais do sujeito, fazendo com que a pessoa retroceda à lembrança de uma experiência anterior na qual este desejo ser realizou. Pelo ato criativo, o sujeito volta a realizar o desejo. A obra projeta o criador para o futuro.

Neste sentido, a oficina pretendia uma escuta subjetiva dos participantes, por meio do relato aberto da sua experiência, mediado por um conjunto de metáforas, através do qual pudessem explicitar seus anseios, seus desejos, suas contrariedades. Ao montar sua bagagem metaforicamente, os professores puderam tecer suas narrativas sobre seu percurso como professores de artes e como pessoas, resgatando memórias e histórias de vida pessoal e profissional, projetando, também, novas viagens.

Seguem abaixo, as narrativas construídas pelos participantes a partir da construção da sua bagagem (trouxa):

1. Luiza Christov e sua "trouxa"

- **Leque com penas vermelhas**: significando a abertura do grupo de pesquisa para os professores da rede, um desejo antigo de abrir os trabalhos e pesquisa da Universidade para a rede básica, incorporar outros elementos, experiências, pessoas e contribuições. Abrir, abrir, abrir! A penugem vermelha do leque representando o fogo do desejo, fogo que é início e iniciativa: uma nova etapa tão desejada pelo grupo de pesquisa.
- **Bexiga:** o balão de ar indicando novos ventos, novos ares.
- **CD "Desenhos e saberes da Ilha de Itaparica"**: por guardar histórias vividas e tecidas por uma amiga querida de trabalho.
- **Flores secas embaladas em saquinho transparente:** revelando uma natureza protegida. Integram minha bagagem pela delicadeza, *"uma coisa bonita que precisa ser protegida e, ao mesmo tempo, visível; que é transparente; que pode se expor sem sofrer tanto".*
- **As letras das músicas *Alma, de Rita Lee e Zélia Duncan, e de Drão, de Gilberto Gil:*** por suas próprias potências.
- **O texto de trecho do filme de Bertrand Tavienier (a seguir) *Quando tudo começa***: porque é lindo!

Está na terra. Montes de pedrinhas
Postas uma a uma
São as mãos de nossos pais e avós

Toda a paciência acumulada
Resistindo a chuva no horizonte
Juntando pequenas poças
Para guardar a luz da lua
Para ficar em pé
Inventar montanhas
Escorregar de trenó
E acreditar que tocou as estrelas
Vão contar que eram os senhores, nossos pais
E que deles herdamos montes de pedrinhas
E junto, a coragem de carregá-las.

2. Paulo e sua "trouxa"

- **A escolha do TNT cor de rosa para fazer a trouxa**: *"Adoro este tom de rosa porque lembra a Fase Rosa do Picasso"*.
- **Flores secas e concha:** por serem elementos da natureza, lembram a infância e porque são desimportantes. Como diz Manoel de Barros, *"o meu quintal é maior que o mundo!"*.
- **A imagem:** porque é um autorretrato.
- **O livro de poemas de Angela Castelo Branco:** pela poesia e por achar que deva ser interessante.

1. Renata e sua "trouxa"

- **Bexiga cheia**: a imagem de um espaço com ar, de um espaço de possibilidade, tempo como espaço, espaço como movimento;
- **O livro de poemas de Angela Castelo Branco**: Renata relata que estudou com a autora, que ambas são amigas de longa data, que fizeram graduação em Fonoaudiologia, mas que Angela

sempre foi "diferente" porque era/é uma artista. Agora se reencontraram na Unesp-IA, onde Renata faz Doutorado. Vai pôr o livro de Angela na trouxa, porém quer um autógrafo/dedicatória antes. Relata ainda que e nem sabia que a amiga escrevera um livro.

- **Som/Silêncio – Cartaz/Imagem do Material da 23ª Bienal (Som – Silêncio):** Quando era menina tinha insônia e ficava a escutar os sons e o silêncio da madrugada. No mestrado investigou a pausa na voz.
- **Texto de Kaká Werá Jecupé, *A Educação da Tribo***: o canto coletivo.
- **As conchinhas**: levam e vão. O *vai e vem* do mar.

3. Marcia e sua "trouxa" – *Sou "acumuladora", escolhi*

- **Penas**: pelas cores, adoro coisas coloridas, de me vestir colorido, sobretudo no inverno: quanto mais frio, mais colorido.
- **Regras de um jogo**: porque para transgredir é preciso conhecer muito bem as regras.
- **Óculos**: porque eles me acompanham desde a minha infância, e na educação e na vida é preciso sempre afinar o olhar.
- **Garrafa de vinho**: aprecio vinho; algumas coisas só conseguimos em pequenas doses.
- **Flores secas**: é preciso aprender a contemplar. Gosto de contemplar, apreciar o canto dos passarinhos.
- **Pimenta**: porque sou apimentada, pela minha característica transgressora.
- **A letra da música *Alma*, de Rita Lee e Zélia Duncan:** *"fique bem livre..."*.

- **A letra da música *Os cegos do castelo*, de Nando Reis:** deles me despeço e vou.
- **A letra da música *Coração Civil*, de Milton Nascimento e Fernando Brandt:** porque esta canção foi escolhida para ser o Hino do Grupo que discute Interdisciplinaridade na SME.
- ***Rota*, por Amir Klink (Mar sem fim):** porque é preciso estudar as condições, construir e reconstruir a rota para desenvolver um trabalho, um projeto.

4. Mônica e sua "trouxa"

- **Canudo de papelão**: porque lembra um telescópio; a necessidade ampliar a visão, ver mais longe.
- **Texto *O sonho*, de Kaká Werá Jecupé**: porque é sonhadora, porque acredita na educação, porque abandonou a carreira de Direito para ser professora de artes; porque sonho é tudo:

  > *O sonho é o momento sagrado em que o espírito está livre e em que ele realiza várias tarefas: purifica o corpo físico, sua morada; viaja até a morada ancestral; muitas vezes, voa pela aldeia; e algumas vezes, através de Wahutedew'á, o Espírito do tempo, vai até as margens do futuro, assim como caminha pelas trilhas do passado. Era o sonho que centralizava a vida numa aldeia xavante.* (JECUPÉ)

- **Caixa com inscrições chinesas:** "*Sou muito mística, acredito na intuição. As palavras escritas em chinês significam, se não estou enganada, paz, saúde, harmonia. Dentro da caixa havia pedras coloridas, fiz um arranjo com elas por representarem beleza e boas coisas*".

- **Casela de papelão**: porque cada compartimento representa um pedaço da minha vida, da minha história.
- **Flor do alho**: o alho é forte, tempera a vida, mas a flor traz a beleza deste tempero.

5. Rosângela e sua "trouxa"

- **As flores e folhas secas/ os elementos naturais:** Recentemente fiz uma viagem à Reggio Emilia, Itália, para conhecer as escolas de Educação Infantil. Esta viagem foi um divisor de águas em minha vida. Lá a riqueza das artes, a delicadeza e os elementos naturais são muito presentes e intensos no cotidiano das escolas e das crianças.
- **Pena:** pela leveza.
- **Azeite:** porque educação é saber e sabor.
- **Lã:** porque a gente vai tecendo a história. É preciso imaginar para produzir.

Cabe salientar que a escuta das narrativas após a experiência da construção da "trouxa" (bagagem de metáforas) promoveu um salto das falas mais queixosas, observadas no primeiro momento de escuta, para falas mais propositivas e esperançosas que anunciavam possibilidades, mesmo quando reconheciam impasses e dificuldades reais enfrentadas no exercício da docência. A experiência de criação da "trouxa", ou bagagem individual, promoveu uma transfiguração nas narrativas das experiências tornando-as mais potentes em vida, criação e esperança.

Larossa (2002) afirma que quando fazemos coisas com as palavras, as palavras fazem coisas conosco. É certo que toda a narrativa tem um estatuto de fabulação. Etimologicamente, a palavra narrativa deriva do latim *mythus* e quer dizer: *palavra expressa, discurso, fábula* (CUNHA, 2010, p. 430). Nossas narrativas são carregadas de memórias e o que permanece na memória é aquilo que faz sentido. Quem narra fabula, vai ao encontro de si mesmo e ao encontro do outro. As narrativas têm, também, caráter seletivo. Assim é quando viajamos, ou, melhor dizendo, assim é quando preparamos nossa mala para uma viagem. Vamos acomodando nossos pertences pela importância que damos a eles e conforme o programa de nossa viagem. Algumas roupas e pertences são difíceis de desapegar, como aquele velho par de calçados que sempre levamos conosco porque são confortáveis e adequados a inúmeras situações. É comum, também, comprarmos uma roupa ou acessório novo que se relacione ao roteiro pela sua utilidade, ou porque é bonito, ou nos torna mais bonitos em nossa viagem. Levamos, também, tecnologias de registro de nossa aventura: um *laptop*, um caderninho de anotações, uma câmera fotográfica. E seguimos nossa viagem, agregando novas coisas, afetos, lembranças, histórias e experiências em nossa bagagem. No encontro com outras pessoas e outros mundos, é bem provável que voltemos com nossa mala mais cheia. Por isso, é sempre bom deixar sempre um espaço na mala para novas experiências. "*Viajar assim é viagem./ Mas faço-o sem ter de meu/ Mais que o sonho da passagem!!*", já escreveu Fernando Pessoa.

Encerramos a Oficina lendo a poesia *Metáfora*, de Gilberto Gil.

> *Uma lata existe para conter algo*
> *Mas quando o poeta diz: "Lata"*
> *Pode estar querendo dizer o incontível*
> *Uma meta existe para ser um alvo*

Mas quando o poeta diz: "Meta"
Pode estar querendo dizer o inatingível
Por isso, não se meta a exigir do poeta
Que determine o conteúdo em sua lata
Na lata do poeta tudonada cabe
Pois ao poeta cabe fazer
Com que na lata venha caber
O incabível
Deixe a meta do poeta, não discuta
Deixe sua meta fora da disputa
Meta dentro fora, lata absoluta
Deixe-a simplesmente, metáfora

Referências

ARRIAGA, Imanol Aguirre. *Contenidos y enfoques metodológicos de la educacion artística*. Universidade Pública de Navarra (España), s.d.

CESAROTO, Oscar Angel. O discurso lacaniano. *Memória da Psicanális.* Lacan. A Lógica do Sujeito. São Paulo: Duetto, s.d. (Coleção Viver Mente e Cérebro, v. 4).

CUNHA, Antonio Geraldo. *Dicionário Etimológico da Língua Portuguesa*. Rio de Janeiro: Lexikon, 2010.

DEWEY, Jonh. *Arte como experiência*. São Paulo: Martins Fontes, 2010.

FREUD, Sigmund. "Gradiva" de Jensen e outros trabalhos (1906-1908). In: *Escritores Criativos e Devaneios.* Rio de Janeiro: Imago, 1996.

LAKOFF, George; JOHNSON, Mark. *Metáforas da vida cotidiana*. Campinas: Mercado das Letras; São Paulo: Educ, 2002.

LAROSSA, Jorge. *Notas sobre a experiência e o saber da experiência*. Universidade de Barcelona, Espanha, 2002.

NÓVOA, A. *Os professores e sua formação*. Lisboa: Dom Quixote, 1992.

PINTO, Manuel da Costa. Uma escuta ética. *Memória da Psicanálise.* Lacan. A Lógica do Sujeito. São Paulo: Duetto, s.d. (Coleção Viver Mente e Cérebro, v. 4).

RANCIÈRE, Jacques. *O mestre ignorante*: cinco lições sobre a emancipação intelectual. Belo Horizonte: Autêntica, 2001.

O CONTADOR DE HISTÓRIAS E A CIDADE OU *COMO SE FAZ UM RELATO HOJE?*

Giuliano Tierno de Siqueira

Introdução ou um parágrafo longo, mas inicial

Neste ensaio/três excertos da experiência[1] procurarei pensar como as oficinas realizadas com professores de artes da rede municipal de ensino da cidade de São Paulo (que ocorreram nos dias 16 e 23 de agosto de 2014, no Instituto de Artes da Unesp) foram espaços abertos para a experimentação da relação da figura do contador de histórias com a cidade. Além disso, procurarei relatar como nos apareceu a aproximação funcional da figura do professor com a do contador de histórias nos espaços urbanos e, ainda, a tensão entre o artista e o educador. O relato da oficina – que ocorreu em dois dias com turmas distintas – dar-se-á por meio de excertos nos quais pretendo desenhar a ideia/fagulha de memória do que estou chamando de contexto urbano; da tentativa de falar um pouco da figura do contador de histórias e de sua proximidade com a figura do professor na cidade; e, por fim, pensar a tensão entre o contador de histórias artista e o educador. E mais: de qual artista se está falando? Se estamos falando das relações entre o contador e a cidade, entre o contador e o professor, entre o artista e o professor, estamos falando de alguma arte e de algum artista. De qual arte estamos falando? De qual artista estamos

1 Excertos são fragmentos de textos literários e afins. Escolho a palavra por entender que vivemos um texto e que a tentativa deste relato é o de pensar os excertos da "escrita" vivida.

falando? De qual arte e educação estamos falando? De qual artista/educador estamos falando? De qual professor/artista estamos falando? De onde falamos o que estamos falando? Estamos falando. Há algo que se está tentando dizer. Não respondemos essas perguntas nas oficinas, tampouco respondo neste texto. Não estou convicto de que teremos propriamente um relato aqui: começo, meio e fim; introdução, desenvolvimento e conclusão. Entre saltos e notas aconteceu o texto que segue. Os pensamentos que aconteceram foram partilhas na oficina com os professores presentes. Teremos ora uma descrição do que aconteceu, ora os pensamentos que partilhei ou que partilharam comigo (conosco) ou que partilhamos naqueles sábados de entusiasmo. Um relato é sempre a tentativa de uma narrativa, contudo, sabemos que a história vivida não aconteceu exclusivamente no meu relato, mas também no relato de cada um que esteve presente nos experimentos. E isso também foi assunto daqueles dias: *como se faz um relato hoje?*

Excerto 1. A Cidade | Ideia/fagulha de memória

Na minha infância, no bairro operário da Mooca, localizado na cidade de São Paulo, todas as vezes que as pessoas com as quais convivia (familiares, vizinhos, amigos) partiam para o centro da cidade, costumavam se expressar da seguinte forma: "estamos indo *à cidade*". Penso que esse pequeno desvio da língua, que separava o bairro da cidade, como se fossem territórios dissociados, mostra claramente como é complexo o processo de pertencimento da pessoa comum à cidade. Quando emprego a expressão "pessoa comum", estou pensando no operário, no trabalhador, naquele que não possui privilégios sociais, culturais e econômicos e que também não é proprietário da terra. Uma experiência com a cidade que não inclui o centro da cidade. É como se a cidade fosse o centro e a borda fosse outra experiência territorial, muitas vezes um não lugar da cidade.

Em meu ponto de vista, este jeito de dizer, "vamos à cidade", pode traduzir ainda o complexo processo de urbanização vivenciado por diversas populações do mundo inteiro após a chamada Primeira Revolução Industrial, sobretudo a partir do século XVIII, no que tange ao êxodo rural e à necessidade de trabalhadores, oriundos desses territórios, assumirem a grande demanda produtiva das fábricas. As cidades não foram planejadas até as suas bordas. O fluxo de serviços de equipamentos públicos sociais, hospitalares, culturais, também não estão democraticamente distribuídos nos territórios. Isto era sentido, percebido, incluído na língua das pessoas de meu convívio na Mooca operária dos anos de 1980. E de lá eles saíam para ir até a cidade: lugar planejado, lugar de acesso aos bens e a todos os serviços.

Se urbanização significa o processo de afastamento das características rurais de um lugar ou região para características urbanas e tal processo geralmente está associado ao desenvolvimento da civilização, e, se demograficamente falando, o termo denota a redistribuição das populações das zonas rurais para assentamentos urbanos, temos a explicitação de dois paradoxos postos diante de meu relato de experiência de fagulha de uma memória e com eles a apresentação de duas questões: primeiro, migrar do rural para o urbano é desenvolvimento civilizacional? Como se dá esta "redistribuição das populações das zonas rurais"?

E por que abordar a urbanização, a cidade, quando falamos do contador de histórias hoje? A primeira resposta para essa pergunta é a de que a figura do contador de história está ligada no imaginário social como alguém vinculado às culturas tradicionais, aquele que acumula e transmite as experiências de uma determinada comunidade às novas gerações desde os primórdios da humanidade. Pensar nesta figura no cenário urbano pressupõe entender que a lógica de organização social, cultural e econômica dos dois modelos de sociedade são diferentes. As distinções são complexas e não caberiam neste ensaio, contudo, para a nossa proposta das oficinas realizadas, a ideia foi a de pensar a relação do contador de histórias com/na cidade, partindo de alguns pressupostos:

a. A cidade não é a mesma cidade para todos;
b. A experiência dos que vivem nas bordas pode não ser a mesma de quem vive no centro;
c. Esse "pode não ser" deve ser verificado pelo acesso dos moradores ao conjunto de serviços, bens públicos, saúde etc.;
d. Como essa distinção de acesso marca as palavras de experiência da diversidade de moradores;
e. Como as palavras dessas diversas populações articulam as narrativas e transmitem (ou não) experiências;
f. Como a vida não planejada no contexto urbano e marcada pela redistribuição das populações rurais na cidade conta ou não conta histórias;
g. Quem são os contadores de histórias nessas/ dessas populações.

Excerto 2. Tentativa de falar um pouco da figura do contador de histórias e de sua proximidade com a figura do professor na cidade

Foi neste ponto da oficina que apareceu a proximidade entre o contador de histórias e o professor na cidade. Nas sociedades tradicionais, a figura do contador de histórias, mais do que entreter, divertir, informar, representa a guarda e a transmissão da memória antiga e presente daquela determinada comunidade com o objetivo de preservá-la no futuro. O narrador é o elo que anela o passado ao futuro no espaço do *entre* do tempo: o presente. A palavra do contador de histórias é uma palavra de conselho, como sugere Walter Benjamin no clássico texto *O narrador. Considerações sobre a obra de Nicolai Lescov* (1994, p. 200): *"[...] Aconselhar é menos responder a uma pergunta que fazer uma sugestão sobre a continuação de uma história que está sendo narrada".* O contador de histórias nas sociedades tradicionais exerce o papel de ordenar os acontecimentos vividos, vinculando-os aos acontecimentos do passado a partir de uma ação ética/estética com a sua comunidade presente, apontando para o futuro. Seu compromisso é materializado com a sua palavra falada e com a credibilidade dessa palavra aderida pela comunidade de ouvintes.

Diante das questões postas no primeiro excerto surgiu a questão: quem é esta figura nas sociedades urbanas contemporâneas? Como estávamos entre professores de artes, a resposta foi direta: o professor. O sentido de aproximar essas duas figuras deu-se justamente pela urgente necessidade de reencontrar o lugar da palavra ética/estética e crível do professor nas sociedades urbanas de hoje. No enfrentamento do relato por parte do educador. Quiçá colocando-se no lugar de um *performer*, de um artista da palavra, de um forjador, de um trabalhador da palavra.

Se na sociedade tradicional o contador de histórias era alguém que, escolhido ou não pela comunidade, relatava o passado (fantástico, encantado, vivido etc.), nas sociedades urbanas o relator profissional será o professor a partir do exercício das diversas disciplinas com as quais se exercita o anel entre o passado e o futuro. Entre a tradição e a traição dessa tradição, a tradução.

Seria a retomada do conto por parte do educador um caminho para a competência relatora do professor? A arte de contar histórias seria um caminho para se fazer um relato hoje? Na cidade seria o professor o contador de histórias mais claramente definido? E como seria esse arte/educador? Como seria este artista/professor/narrador? E assim, surgiu a necessidade de explicitarmos o artista de quem estávamos falando.

Excerto 3. A tensão entre o contador de histórias artista e o educador

A partir da conversa fluida instalada entre todos na oficina, narrei (apoiado no texto escrito) a "fábula-verbete", *Artista*, escrita pelo filósofo espanhol Félix de Azúa (2011, p. 51-55), em seu *Diccionario de las artes*. Esse texto chegou às minhas mãos no início do ano de 2014, por meio da partilha de um trabalho de formação com o filósofo da educação espanhol Jorge Larrosa Bondia e logo fui tomado pela lucidez narrativa de Azúa. Por entendê-lo um texto completo, e que não caberia neste ensaio uma redução dos principais argumentos do texto em diálogo com a oficina, pois o que nos foi relevante foi justamente a experiência da leitura e escuta do texto, proponho apresentá-lo na íntegra, a seguir, alertando que se trata de uma tradução não oficial do espanhol para o português:

> ARTISTA. Sobre o artista reina um desacordo geral. Sua existência é incontestável, pois a eles atribuímos o surgimento de obras de arte, seja certo ou falso que eles intervenham nesse surgimento. Quando somos surpreendidos por uma paisagem de colinas verdes salpicadas de templos onde à primeira hora do dia caminham breves figuras humanas acompanhadas de um cão cabisbaixo, dizemos: um Poussin! Quando ouvimos uma canção triste cujo refrão se repete com insistência, como se fosse entoada por um homem tomado por uma obsessão dolorosa, exclamamos: um Schubert! E assim sucessivamente. Portanto, os artistas são pessoas que existem de verdade, porque com o nome deles nos orientamos na densidade das obras.
>
> Entretanto a energia do romantismo contaminou as bases do nosso discernimento de uma maneira tão profunda que tendemos a pensar no artista como alguém autônomo, independente, livre e genial. Uma espécie de *self-made man*. Este erro, frequente e nocivo, leva ao desastre milhares de jovens bem-intencionados que acreditam poder ser tanto mais artistas quanto mais autônomos, independentes, livres e geniais. Como consequência, uma quantidade notável de gente pitoresca é incapaz de fazer aparecer diante do público qualquer coisa que não seja ela mesma. Mas a contemplação de alguém livre e genial, que diz ser livre e genial, é insuficiente como obra de arte e fastidiosa como obra de caridade. O leitor encontrará mais dados sobre esse ponto no verbete MORTE.
>
> Para explicar (aproximadamente) o que é um artista, devo recorrer à fábula. Tenho vergonha de fazer isso porque é um método pouco científico muito utilizado por esse inimigo da democracia (conforme o qualifica Karl Popper) que era Platão quando se via obrigado a explicar coisas que nem ele próprio compreendia. Peço desculpas, pois, por imitar Platão, mas nem todo o mundo pode ser Karl Popper.

Nos muitos diários e abundantes livros de memórias que foram sendo editados pelos judeus que sobreviveram ao Holocausto, há uma figura que aparece com frequência e cuja atividade possui um interesse muito especial. Contam os sobreviventes que, após serem detidos e agrupados pela polícia política alemã e francesa, eram armazenados em trens especiais cujos vagões haviam sido usados para o transporte de gado.

Amontoados como reses, sem espaço para se sentar, quase sem ar para respirar, sem água além da chuva que se infiltrava pelas fendas da cobertura, milhões de desgraçados atravessaram a Europa de Pau a Auschwitz, de Varsóvia a Dachau, de Amsterdã a Buchenwald, durante semanas, a caminho do matadouro. Antes de chegar, muitos morreram de sede, de fome, de asfixia, de esgotamento, de doença; os sobreviventes acabaram o trajeto grudados aos cadáveres porque não havia espaço para deixá-los jazer no chão.

Os vagões, que eram de porta corrediça, tinham uns mínimos respiradouros na parte superior, a um palmo do teto, e vários outros orifícios no chão para a evacuação das fezes. Pelos respiradouros entrava a escassa luz que permitia que os infelizes soubessem se era de dia ou de noite, e, ainda que possa parecer estranho, para eles esses detalhes adquiriam uma enorme importância. Os respiradouros superiores estavam situados a uns dois metros e meio do chão.

Muitos memorialistas coincidem ao relatar como os presos de cada vagão escolhiam uma pessoa espontaneamente para levantá-la até o respiradouro a fim de que fosse contando o que se avistava dali. Costumavam escolher alguém leve, mas esperto, de modo que pudesse se colocar em pé sobre alguns companheiros que, com extraordinário esforço, lhe ofereciam seus rins como tablado. O vagão inteiro se retorcia de maneira dolorosa e extenuante para possibilitar aos observadores o acesso à abertura. Os presos necessitavam saber onde estavam, aonde estavam sendo levados, que terras o trem cruzava, que pessoas as habitavam. Para averiguar isso, estavam dispostos aos maiores sacrifícios.

Mas nem todos reagiam da mesma forma: contam também que alguns poucos presos se mostravam céticos e se recusavam a colaborar. "Que diferença faz saber onde estamos, se tenho certeza de que vou a caminho do matadouro?", diziam cruamente. Punham todo tipo de empecilho para colaborar, e depois se negavam a escutar e ainda faziam chacota imitando os observadores. Mas até mesmo os mais céticos prestavam dissimulada atenção quando os observadores sabiam explicar o que viam. Porque, como é natural, nem todos os escolhidos serviam para a tarefa e era preciso substituí-los de vez em quando. Ou até mesmo com frequência.

As primeiras vezes que os observadores eram erguidos até a janelinha, não tinham forças para falar. Fazia, talvez, quatro ou cinco dias que estavam no escuro, sufocados pelo fedor, esmagados por seus companheiros, e de repente se elevavam e viam a luz do sol, ou da lua, ou um cachorro, ou um rio. Balbuciavam algumas palavras e então se afogavam em soluços, ou caíam em um mutismo seco. Seus companheiros costumavam se mostrar compreensivos e lhes davam um tempo para se recompor e tentar de novo. Alguns, com o prumo que a experiência dá, iam adquirindo certo controle sobre si mesmos. Outros não conseguiam resistir à tensão e se negavam a continuar fazendo papel de observadores, pois, segundo diziam, para suportar o horror era melhor não ver nada, e fazer de conta que só havia um mundo, o dos condenados à morte.

Também acontecia de certos vigias decepcionarem os condenados porque seus relatos eram demasiado minuciosos, exatos e científicos. "Vejo uma estação de trem com duas portas laterais e uma central com o alçapão de madeira e ferragens de latão, com certeza parafusadas; na plataforma há um homem de uniforme de uns cinquenta e dois anos de idade, com óculos de arame e um cachimbo apagado. À direita há um hangar de doze por quinze...", diziam esses maus vigias, e seus companheiros aceitavam a informação, mas em seguida os substituíam por outros não tão rigorosos.

Não decepcionavam menos os distraídos, aqueles que proporcionavam uma visão dispersa, desconexa, improvisada e caótica do panorama: "agora uma nuvem em forma de Afrodite ou um bando de pássaros, então um casal de burgueses que parecem se amar, ou são dois soldados discutindo?; também irritavam os que interpretavam tudo a partir de suas impressões pessoais, julgando demasiado verde uma planta ou muito sujo um lenhador...". Nem a ciência nem a inocência, nem a verdade objetiva nem a expressão subjetiva eram de nenhuma ajuda aos condenados.

Os observadores mais apreciados eram aqueles que revelavam com precisão a existência de um mundo verdadeiro, livre da tortura e do horror, um mundo luminoso mas atado ao mundo dos condenados por sinais indecifráveis. "Algumas mulheres desse povoado se reuniram na estação, no bebedouro público, e estão ali agrupadas olhando nossos vagões com dissimulação. Vejo que uma delas, com uma criança nos braços, lhe aponta justamente o nosso vagão, por isso vou colocar a mão para fora da janela", dizia, por exemplo, um dos observadores mais apreciados pelos presos. Seus companheiros podiam pensar então que aquela mulher com a criança veria a mão, ou alguns dedos, se agitando pela janela, e que talvez assim a mulher se convenceria de que havia gente morrendo nos vagões. Gente com mãos, sem dúvida. E se lembraria disso e algum dia contaria aos seus netos: "Eu vi os judeus passarem pela estação do povoado e um deles acenou para mim, como se estivesse me cumprimentando, de um dos vagões". Assim parecia se redimir uma parte da dor, ainda que em um plano muito ideal.

Nos bons relatos, os presos tinham a certeza de que alguma coisa circulava de uns aos outros, dos condenados aos livres, do mundo da morte ao mundo da vida. Um sinal indecifrável, como o raio que descende do céu e ilumina a noite por um instante, colocava em relação dois universos que se desconheciam mutuamente. E para os presos era indiferente que o observador tivesse colocado a mão para fora ou que a mulher tivesse visto, porque o essencial

para eles era se sentirem partícipes do mundo dos vivos e pertencentes ao mesmo, ainda que só por alguns segundos.
O observador dos vagões carregados de condenados era o único que tinha, já não fé, mas certeza da existência de outro mundo no qual as leis permitiam viver à luz do sol. A vida dos condenados amontoados no vagão era espantosa, mas se o mundo dos vivos era verossímil, então a vida do vagão se convertia em uma ficção resultando do jogo das outras leis que condenavam a viver o horror, sem culpa alguma e sem ter sido acusados de nada. Mantinha-se, dessa forma, a esperança de que o horror tivesse um fim.
Enquanto o observador era capaz de manter a veracidade do relato, enquanto conseguia convencer seus ouvintes da realidade do mundo luminoso, o mundo do horror permanecia como a outra ficção. A realidade do mundo luminoso e a realidade do mundo da morte sustentavam uma à outra como ficções mútuas, e ninguém podia provar o triunfo de uma sobre a outra.
Só quando as leis do mundo da morte e as do mundo da vida coincidem, só então a tarefa do observador perde o sentido e é inútil porque ninguém precisa dela. Mas quando isso acontece, como possivelmente acontece em nossos dias, não sabemos se a indiferença para com os observadores, cronistas e vigias é o resultado da vitória do mundo luminoso (isto é, do permanente desvelamento do vivente) ou o triunfo do ceticismo e da resignação dos condenados.
Deve-se prestar atenção ao fato de que nenhum vigia nunca considerou sua tarefa como uma opção pessoal e livre, movida por sua genialidade. Eles sabiam que sua tarefa não lhes pertencia, mas que era fruto de um pacto coletivo. Todo o conjunto de presos, no vagão, era a força que levantava e sustentava o vigia, e o grupo inteiro era o que aceitava ou rejeitava suas observações. As visões e os relatos não eram, portanto, fruto de seu caráter ou expressão de seu espírito, mas uma relação efêmera e instantânea, um acordo compartilhado por vários, por muitos ou por todos, sobre a verdade do que aparece em cada momento.

Acrescentemos, para concluir, um último ponto de grande relevância em nossos dias. Apesar de as relações entre os condenados e os observadores terem chegado a ser muito densas e, em alguns vagões, até mesmo quase institucionais, nem um único observador esqueceu a qual dos dois mundos pertencia, por mais que conhecesse dois mundos igualmente reais e verossímeis. Em nenhuma das memórias e diários que pude ler jamais aparece um observador que exigisse ser mantido pela comunidade de presos.

Conclusão ou o parágrafo curto, mas final

O texto vivido foi muito mais do que os três excertos. A "trindade excertiva" que me passou, que me aconteceu, desdobrou assim neste relato: a cidade; o contador e a cidade; o contador e o professor; o arte/professor/narrador. E se eu tivesse que deixar a moral da história deste relato nestas últimas linhas eu diria: no contexto urbano, o centro não é democraticamente distribuído e, por isso, não há chão/terra para todos; na ausência de chão, sustentamo-nos uns nos outros; ao sustentarmo-nos uns nos outros ocupamos – muitas vezes sem escolha – um lugar neste amontoado de corpos justapostos, entrepostos, contrapostos, indispostos, bem dispostos etc.; o lugar que se ocupa pode não ser uma escolha íntima de cada uma das pessoas comuns; cada uma das pessoas comuns pode ser o vigia do texto acima; resta-nos saber se seus relatos são: minuciosos, quase científicos; distraídos; nem objetivos demais, nem subjetivos demais. E ainda: se seus relatos coincidem o "mundo dos vivos" com o "mundo dos mortos". Por fim, poderíamos pensar que um desses vigias é o professor: como relatores, talvez os professores de artes sejam os que não se esquecem a qual dos dois mundos pertencem. Talvez. Porque a pergunta continuou mesmo depois da oficina: *como se faz um relato hoje?*

Referências *(apenas dois livros com clareza e muitas palavras recheadas de sentido de cada um dos professores presentes)*

AZÚA, Félix. *Diccionario de las artes. Nueva edición ampliada.* Barcelona: Debate, 2011.

BENJAMIN, Walter. *Obras escolhidas.* Magia e técnica, arte e política. São Paulo: Brasiliense, 1994.

LUZES ESCOLARES: A FOTOGRAFIA NO CENÁRIO ESCOLAR

Carlos Eduardo Fernandes Jr.

Ao refletirmos sobre o currículo de artes no Ensino Fundamental e médio, temos infinitas possibilidades de trabalho. Porém, temos muitas dúvidas com relação às propostas que tenham sentido para os estudantes e que possam refletir o tempo que vivem. Foi a partir dessas dúvidas que nasceu a proposta de um trabalho que repensasse o uso da fotografia como forma de experienciar o universo tão significativo que temos nos espaços escolares. O acesso de nossos estudantes às novas ferramentas tecnológicas, o uso da imagem em nosso cotidiano e reflexão sobre esta produção foi o que motivou a organização da oficina "Luzes escolares: a fotografia no cenário escolar".

Franciele Duarte Santana. *Sem título*. Fotografia digital. 2007 – CEU Azul da Cor do Mar.

Atualmente, a formação educacional vê-se aliada às novas formas de Tecnologia da Informação e Comunicação (TICs). No entanto, ainda que o uso de aparelhos celulares e câmeras fotográficas estejam presentes nos espaços escolares, observamos que a apropriação dessas tecnologias ainda se dá de forma funcional. As diversas possibilidades de uso e construção de significados estão pasteurizados pelo incentivo em massa do entretenimento. Não são raros os casos de estudantes que apenas sabem identificar o atalho em seu aparelho celular no qual ele pode registrar o universo ao seu redor, sem com isso avançar sobre a linguagem e o pensamento fotográfico. Como fazer desse novo instrumento tecnológico um aliado para a construção de conhecimentos sobre o nosso mundo? O projeto "Luzes escolares" reconsidera a relação dos estudantes com essas tecnologias, sua devida apropriação e a construção de significados sobre seu cotidiano.

Para muito além das palavras

Ao longo dos oito anos em que mediei a produção destas imagens com os estudantes, pude reconhecer as suas posturas críticas frente à realidade vivida e o apontamento de que a escola também é um local de encontro desejado pelos adolescentes. É neste meio em que se estabelecem as amizades, os namoros, as parcerias e o desvelamento de um lugar desconhecido até então. São as descobertas de cada adolescente que ressignificam os seus corpos, as suas práticas e seus saberes.

Marco Aurélio. *Sem título*. Fotografia digital. 2007. CEU Azul da cor do Mar.

A partir destas evidências e das narrativas dos estudantes, os professores foram convidados a produzir imagens sobre o que significa ser professor de artes na rede municipal de ensino da cidade de São Paulo, representado em uma imagem fotográfica.

Ser arte/educador

Os professores de artes inscritos na oficina portavam algumas câmeras digitais e celulares com a possibilidade do registro fotográfico. Tal como encontramos as condições na maioria das salas de aulas destinadas aos estudantes dos anos finais do Ensino Fundamental, os professores produziram suas imagens e enviaram o resultado de seus trabalhos via Whatsapp (aplicativo de troca de mensagens e arquivos via rede móvel de dados – Wi-fi, 3G ou 4G). Seguem algumas imagens que registram o processo de criação dos professores presentes na oficina.

Imagens fotográficas produzidas pelos professores de artes a partir da provocação: o que significa ser arte/educador na rede municipal de ensino?

Longe de estabelecermos uma análise “psicologizante” dos professores de artes, podemos observar a diversidade das formas encontradas pelo grupo para o efetivo trabalho com as imagens fotográficas. Esta relação estética com os significados atribuídos aponta para uma sinalização ou registros que evidenciam os “caminhos”, tais como as imagens da “pegada”, “placas”, “janela” e “cartazes”.

A conversa com os arte/educadores após a produção das imagens revelou um estado de angústia na produção, pois eles se veem de tantas formas diferentes que se trata de uma atividade difícil apontar a complexidade dessa profissão. Penso que este relato está em acordo com as ideias de António Nóvoa (1992) que aponta uma sobreposição das funções docentes ao longo das últimas décadas da rede de ensino de muitos países, na qual também figura o Brasil. Evidenciar as dimensões deste fazer pedagógico passa a ser um desafio para todos os professores.

Assim como os estudantes, os professores também revelam a multiplicidade de significados que a escola nos provoca. Ao nos assumirmos como sujeitos que produzem conhecimentos e representações, abrimos um campo infinito de diálogos sobre a vida cotidiana nas escolas da cidade de São Paulo.

A prática e a sala de aula

Saindo da dimensão processual da produção de imagens, as perguntas sobre a organização dos espaços destinados ao ensino de artes em cada escola ocuparam uma boa parte de nossos diálogos na oficina. Como ter uma câmera fotográfica na escola? Como os estudantes utilizam esse material? Eles andavam pela escola? Como você organizava esse material? Como a direção se posicionava frente a esta prática crítica dos estudantes? Todas essas foram questões levantadas pelos grupos.

Estabelecer um ambiente em que o estudante se perceba autor e pesquisador das representações e significações fotográficas foi o primeiro passo para a garantia de uma produção livre das cotidianas amarras da escola, com perguntas como: será que eu posso dizer isso? É na confiança estabelecida ao longo do processo educacional e o olhar sensível do professor dirigido às angústias e desejos dos estudantes que fundamentarão uma prática emancipadora e potente na produção das imagens.

Não é simples apresentar uma exposição presente na escola com fotografias que apresentam de muitas maneiras as violências dos espaço, a vigilância e o descaso com o bem público. Imagens de câmeras de vigilâncias, carteiras vazias perfiladas e voltadas para a lousa, lixo espalhado pelo chão, carteiras quebradas, são apenas algumas das provocações feitas pelos estudantes. Isto tem um impacto na forma como os professores percebem a realidade e necessariamente pede diálogo, pois, caso contrário, ainda escutaremos: "não sei do que estes estudantes estão reclamando, foram eles mesmos que fizeram isso". Assim, no jogo de transferência perpétua das responsabilidades escolares não haverá a superação dos problemas encontrados. Por fim, as imagens produzidas tornam-se fontes de grandes discussões para uma escola que deseja se lançar aos diálogos que promovam deslocamentos e transformações.

A respeito dos domínios das ferramentas, os primeiros anos do século XXI apontaram a popularização de ferramentas digitais difundidas nas diversas faixas etárias, incluindo os adolescentes das metrópoles urbanas, tais como a cidade de São Paulo. A maioria dos adolescentes possui um aparelho *smartphone* com acesso à internet e com um grande número de aplicativos à disposição.

A prática fotográfica em sala de aula necessariamente passa pelo reconhecimento deste cenário e se lança ao trabalho com os recursos já presentes em sala de aula. Mesmo que os estudantes tenham esses aparelhos em seus bolsos, também é possível solicitar a compra de câmeras fotográficas pela escola. Periodicamente a escola faz uma lista de compras de papelaria que podem dar lugar a outros equipamentos, tais como o aparelho fotográfico. Por exemplo: em diversas escolas em que atuei, a direção procurava-me para que indicasse quais os itens de papelaria que desejaria. Ao invés disso, pedia que fosse adquirida uma câmera fotográfica e um *pen drive* para armazenas as imagens produzidas pelos estudantes. Há inicialmente um estranhamento por parte da gestão, mas a permanência das ações pouco a pouco desmistifica essas escolhas pelos materiais.

Essa câmera adquirida era utilizada por todos os estudantes, permitindo inclusive os empréstimos para a produção fotográfica em outros espaços que não fossem o interior da escola. Os estudantes tornam-se corresponsáveis por estes materiais na medida em que se apropriam deles. Sabedores de que todos poderão utilizá-los, estabelece-se o trabalho coletivo que preza pelos direitos de todos.

Para a produção das imagens, cada estudante tinha autorização para circular pela escola por um período combinado para fotografar. Pouco a pouco tornava-se comum ver estudantes portando uma câmera fotográfica e olhando para os cenários da escola. Com a manutenção dos projetos nas unidades de ensino, a cultura de ocupação dos múltiplos espaços ganha força, iniciando uma discussão que considera a integridade do espaço escolar como um ambiente formador.

Para finalizar, foi evidenciado pelo grupo que os significados produzidos pelo grupo de estudantes é fonte inesgotável de diálogos e que necessariamente nos lança a uma próxima experiência. Não se trata de algo estanque. Um projeto externo à realidade que "pousa" no cotidiano da vida escolar. É necessário implicar-se com as múltiplas dimensões do ambiente formativo das crianças, jovens e adultos com os quais trabalhamos.

Referência

NÓVOA, António (Org.). *Os professores e a sua formação.* Lisboa: Dom Quixote, 1992.

3

ESCUTA OFICINA PARCERIA

CAMINHOS DO ESCUTAR E DO FALAR

Cleide do Amaral Terzi
Eleni Bambini Gorgueira
Tatiana Schunck
Vera Maria Ronca

Um encontro para a escuta

No encontro de educadores realizado em agosto e setembro de 2014, com parceria entre o Instituto de Artes da Unesp e a Secretaria Municipal de Educação de São Paulo, criamos um espaço de conversa entre professores e formadores para escutarmos sobre as práticas de cada docente a respeito do ensino de artes.

Buscamos ali uma escuta capaz de trazer a verdade de cada um sobre suas aulas, não uma verdade padrão e referência para todas as aulas de todos os professores, mas a verdade de cada um em sua maneira de encontrar caminhos para ensinar e para aprender com sua docência. A expectativa era a de que os professores presentes em cada grupo pudessem trazer palavras de exposição, aquelas em que se revelam questões de cada educador em relação às suas realidades profissionais e que abrem caminhos de compreensão sobre ensinar e aprender.

A proposição desse momento de escuta em um encontro de educadores tem como pressupostos, em primeiro lugar, que os professores têm muito a dizer a respeito de sua docência. Eles inventam essa docência, pensam a respeito, padecem questionamentos e criam discursos fundados na experiência, na vida de sua sala de aula. Em segundo lugar, encontra-se o pressuposto de que o convite para a participação em encontros de pesquisa ou de formação, em geral, são acompanhados do ato de tornar os professores ouvintes: ouvintes de novas teorias, ouvintes de pesquisas realizadas, ouvintes de políticas públicas... ouvintes! Pretendíamos, nessa parceria com a rede municipal de São Paulo, inverter essa lógica e convidar os professores para serem ouvidos, antes de se tornarem ouvintes. Ou melhor, para serem falantes e ouvintes dos próprios pares e não de pesquisadores apartados da rede em que atuam.

A partir dessa escuta, os coordenadores de grupos elaboraram narrativas que buscaram trazer a palavra dos professores. Tais narrativas são apresentadas nos capítulos que antecedem à presente reflexão.

Abrir a escuta

> Assim costuma ser. O menino viu a árvore. Junto dele, mais alguns também a viram. O professor lhes disse: *subam, podem subir.* Alguns, quase todos, correram em direção à jabuticabeira e se puseram a escalar o tronco recheado. O menino apenas olhou. Depois deu dois passos em direção ao tronco, avistou uma formiga, pediu-lhe permissão para andar. Aproximou-se bastante perto do tronco e dos meninos altos. Voltou passos atrás e disse: *não vou, vou matar as formigas que sobem.*
>
> *Não, não vai. Pode ir, as formigas são espertas e se desviam do seu corpo em movimento.* O menino animou- -se, chegou a tocar o tronco e uma das jabuticabas preta e firme. *Não, melhor não ir. Tenho que esperar alguém descer da árvore, tem muitos meninos lá.*
>
> *Pode ir, a árvore é forte, ela aguenta o peso.* Mais uma vez o menino se aproxima, mas um dos meninos, que lá no alto

> estava, pula como um macaco e assusta o que ainda estava a decidir. *Não, não vou. Tenho que estudar mais sobre a Myrciaria cauliflora ou Plinia cauliflora.*
>
> *Pode ir, pode ir, depois estuda a jabuticaba.* Por fim, quando todos os outros meninos descem do tronco, o menino sobe. Sente o medo da altura. Recolhe o espaço ao redor com o olhar, descobre o cheiro do ar, percebe o balanço do vento e rouba a jabuticaba preta. Desce da árvore como quem foi iniciado a dizer algo. Os outros o esperam onde realizam um círculo de jabuticabas, eles não a comem. A última jabuticaba completa o círculo e todos decidem entrar. Lá dentro, na família *Myrtaceae,* descobrem um espaço íntimo de molecagem. Percebem a fruta. Podem comer. Comem. Depois, buscam as palavras para contar que gosto tinha.

Esta pequena história que inspira nosso capítulo foi contada por uma das autoras – Cleide Terzi – e escrita por outra de nós – Tatiana Schunck – em um dos encontros que realizamos para criar o roteiro do texto que aqui assinamos.

Em nossas conversas primeiras, na busca de um roteiro, surgiu o relato de uma situação de prática escolar registrada em vídeo por uma professora. Uma documentação narrada de uma experiência vivida por um grupo de crianças de Educação Infantil. Esse vídeo revelava, entre outras imagens, aquela cena real de um menino que, ao ver a grande jabuticabeira quis subir, como fizeram os outros meninos e meninas, mas se viu num liminar de dúvidas acerca da realização desse desejo. O desafio de ir às alturas deixava-o pronunciar a palavra: "não", entre outras que mantinham a negativa para a experiência. Após o enfrentamento... Escutou o convite e se pôs a falar o nome das coisas.

Assim iniciamos este capítulo com a vontade de contar como a escuta pode gerar narrativa que conta a experiência e como esta ação de escutar também inaugura um espaço para o *conhecer.* Nessa dinâmica do escutar há um processo ininterrupto no qual quem narra e quem escuta se apresentam como espaços intercambiantes. A dinâmica do "escutar para falar" cria um espaço simbólico autorreferido e, a partir deste lugar, cada retorno ao passado que se conta ou à projeção futura se dá uma volta às histórias primordiais. Ainda com o entrelaçamento entre as falas contadas no tempo, na duração da experiência da conversa, percebemos que se inaugura um vínculo entre quem conta e quem ouve em torno do sentido de *estar junto* para escutar.

Sendo assim, acreditamos que este exercício de escuta é abertura para um encontro de conhecimento, conforme temos contado até aqui. Neste texto convidamos edu-cadores a uma reflexão acerca das palavras, do falar e do escutar, da tão comentada relação dialógica no espaço de formação dos professores.

Colocamo-nos em estado de desafio: nos entendemos pela linguagem. Nos desentendemos pela linguagem, apesar da linguagem e pela linguagem. É possível criar espaços de conhecimento/formadores para realizar a escuta e trazer a voz dos professores? É possível encontrar palavras que contem nossas experiências em escutar e falar para verificar o sentido, ou a falta de sentido, daquilo que nos acontece no território de aprendizagem?

Em tempos de economia de experiências que possibilitem alguma elaboração de sentido, procuramos iniciar nosso movimento para a escrita deste encontro com a escuta. O encontro com os professores também assim se iniciou, com a escuta. Poucas palavras foram ditas para abrir o exercício de sentidos, somente assim, para estimularmos a possibilidade de se falar sobre o que se vive na dimensão escolar sem a preocupação prévia com o que está sendo dito. Assim, estamos considerando as palavras de exposição, palavras que abrem caminhos, que contam dos sentimentos, que procuram interlocução.

Pretendíamos criar, neste encontro de educadores, um espaço de escuta que se afetasse e fosse afetado pela participação e voz dos docentes ali presentes, sem a pretensão de resolver questões do âmbito escolar, nem apresentar ideias de soluções diante da realidade de cada docente. Mas o que é esse escutar? O que este estado nos exige?

Abrir a escuta para ouvir o que nos rodeia não deixa de ser um gesto de interrupção no palavrório que somos. Abrir a escuta solicita um gesto de generosidade e de não julgamento em relação ao que se ouve. Não se trata de concordar, mas de escutar num exercício crítico reflexivo. Exige presença. Trata-se de uma abertura que se mantém presente até que se finde o que se diz ao ouvido atento. Será que somos capazes deste gesto? – pois palavras não nos faltam. Somos palavras até quando desejamos calar. As palavras nos passeiam à mente. Falamos palavras, nos relacionamos a partir de palavras, somos palavras.

O professor Jorge Larrosa nos diz que

> o homem é um vivente com palavra. E isto não significa que o homem tenha a palavra ou a linguagem como uma coisa [...] mas que o homem é palavra [...] que o homem se dá na palavra e como palavra. E as palavras com que nomeamos o que somos, o que fazemos, o que pensamos, o que percebemos ou o que sentimos são mais do que simplesmente palavras. E, por isso, as lutas pelas palavras, pela imposição e pelo silenciamento de certas palavras são lutas em que se joga algo mais do que simplesmente palavras, algo mais que somente palavras. (LARROSA, 2014, p. 17-18)

Quando o menino de nossa história/inspiração receia subir a jabuticabeira, muitas vozes estão atuando em sua escuta, desenhando sua ação diante das coisas que estão à sua frente. Algum disparo inicia o palavrório que prende, que fecha a possibilidade de ir, de se lançar, de experimentar. Algo inicia um pensar sobre si que afeta a forma de estar com, de estar junto. Até que se decida atravessar o desafio de ser visto, de correr riscos, de ousar, de participar, de se constituir em alteridade. Esta decisão é também palavra. E a escuta pelas palavras de abertura também está presente e nos coloca num "lugar". Qual lugar?

Como lugar de enunciação, a palavra é como uma nascente. E não se vive na nascente, se vive desde a nascente. Isso acontece, porque todo exercício do pensamento contém um inacabamento vital, deixa algo em suspenso, em aberto, que entrega a cada um a tarefa de sempre pensar de novo, de buscar um novo frescor naquilo que aparentemente já se sabe, na medida de continuar um pensar, de se tornar território de passagem para que o pensar continue. A palavra inicia o movimento vital daquilo que ainda está por vir em que se sente/ se pensa/ se quer *dar a ver*. É na relação com a palavra escutada que se encontra a palavra a ser dita. E quais palavras nos contam? Quais palavras contam as coisas que, estando à nossa frente, ocupam espaço para elaboração de sentido?

Escutar é verbo que possibilita a ação de uma fala mais digna de se dizer. Que revela quem diz. Coloca a palavra num lugar de intimidade com o sentimento daquele que diz. Abre caminhos de conversar como espaço de encontro, de elaboração coletiva, de sensação de pertencimento, de aprendizagem.

Escutar é obviamente algo que vai mais além da possibilidade auditiva de cada um. Escutar tem a ver com a disponibilidade por parte da pessoa que escuta para a abertura à fala do outro, ao gesto do outro, às diferenças do outro e à afetação que podemos sentir em nós quando, de fato, escutamos. Isto não quer dizer, evidentemente, que escutar exija de quem realmente escuta sua redução ao outro que fala. Isto não seria escuta, mas autoanulação. A verdadeira escuta não diminui em mim, em nada, a capacidade de exercer o direito de discordar, de me opor, de me posicionar. Pelo contrário, é escutando bem que me preparo para melhor me colocar, ou melhor, me situar do ponto de vista das ideias. Como pessoa que se dá ao discurso do outro, sem preconceitos, o bom escutador fala e diz sua posição com desenvoltura. Precisamente porque escuta, a fala de quem ouve traduz concordâncias e discordâncias. Afina posicionamentos.

> Não é difícil perceber como há umas tantas qualidades que a escuta legítima demanda do seu sujeito. Qualidades que vão sendo constituídas na prática democrática de escutar. (FREIRE, 2001, p. 134-135)

Da escuta à conversa

Parece-nos que a ação de escutar nos solicita uma dinâmica de encontro, de aproximação com o outro, revela a necessidade do outro, e passamos a considerá-lo como parte fundamental para inaugurar alguma conversa entre nós. Trazemos aqui a fala do escritor Mikail Bakhtin (2008) porque este pensa a linguagem como prática social cotidiana que envolve a experiência do relacionamento entre pessoas. Ou seja, as palavras que o outro me diz dão a mim a minha própria medida e a do mundo no qual estamos inseridos. É nesta conversa, entre mim e outro, que podemos inaugurar o espaço da experiência. E essa experiência é parte integrante do sentido do dizer. Talvez, estejamos mesmo falando de uma conversa para a experiência da escuta e da fala, para verificarmos se ainda somos capazes de escutar, de falar, de colocar em comum o que pensamos, de elaborar o sentido – ou a falta de sentido – do que nos acontece, de dizermos o que ainda não sabemos dizer, e que nos provoque o sentimento de que estamos (eu e o outro) numa relação de aprendizagem. O filósofo Martin Buber (1982) diz que aquilo que me acontece é palavra que me é dirigida (1982, p. 44); o diálogo genuíno só se dá em situação de reciprocidade, ou seja, quando o indivíduo de fato experimenta o lugar do outro com quem conversa, sem, contudo, abdicar de sua própria especificidade. Essa escuta é um exercício de paciência, pressupõe compreender o ritmo do outro e a forma como cada um enxerga o mundo e as situações; pressupõe aceitar que não existem verdades absolutas e que todas as verdades são construções históricas e decorrentes das circunstâncias e contextos variados. Tal percepção pode ampliar o olhar em direções antes não experimentadas para si mesmo e para o mundo; e, assim, como na história do menino e a jabuticabeira, que nos inspira:

> [...] o menino voltou passos atrás e disse: *não vou, vou matar as formigas que sobem. Não, não vai. Pode ir, as formigas são espertas e se desviam do seu corpo em movimento.* O menino animou-se, chegou a tocar o tronco e uma das jabuticabas preta e firme. *Não, melhor não ir. Pode ir, a árvore é forte, ela aguenta o peso.*

O educador Paulo Freire entende que o ser humano apresenta uma vocação ontológica para o *ser mais*, imbuído de uma natureza histórica e de uma capacidade de perceber-se no mundo, de reconhecer-se a si mesmo e ao mundo exterior com o outro. A consciência de sua incompletude leva o homem a buscar a comunhão com outros homens. Para Freire, a consciência do inacabamento é um fundamento para desejar ser mais, ser mais completo, para nosso movimento em direção a uma completude que nunca se completa, aí se funda nossa sociabilidade. A teoria pedagógica de Freire emana desta compreensão de que o homem muda em relações sociais, culturais, ambientais, de que aprende em comunhão.

Se é dizendo a palavra, com a qual pronunciamos o mundo, que nos transformamos, podemos pensar que o diálogo se impõe como caminho necessário e importante para o encontro de conhecimento entre os homens. E, se ele é o encontro em que se solidariza o refletir e o agir de seus sujeitos endereçados ao mundo a ser transformado em espaço ético – bom para todos –, não se pode reduzir o dialogar a um ato de depositar ideias de um sujeito no outro. Não é também discussão guerreira, polêmica entre os sujeitos que não aspiram comprometer-se com a pronúncia do mundo, nem com buscar a verdade, mas com impor a sua. Porque é encontro de homens que pronunciam o mundo, não deve ser doação do pronunciar de uns a outros. É um ato de criação e não doação.

> Daí que não possa ser manhoso instrumento de que lance mão um sujeito para a conquista do outro. A conquista implícita no diálogo é a do mundo pelos sujeitos dialógicos, não a de um pelo outro. Conquista do mundo para a libertação dos homens. (FREIRE, 1978, p. 23)

Gostaríamos de convocar o exercício da docência como lugar de conversa, como espaço para estar junto em situação de aprendizagem, em que se trocam palavras de exposição, em que se pronunciam criações. Como o professor, em seu cotidiano profissional, de difícil espaço para a conversa, consegue e pratica o diálogo como dimensão de aprendizagem formadora?

É difícil conversar

A formação está sendo entendida aqui como um espaço de conversa, com escuta sensível, com coragem da palavra de se expor – onde seria possível constituir experiências de diálogo efetivo, em território de confiança para a exposição das frustrações-questões e das invenções e superações. O desafio é criar-inventar espaços para esta conversa, quer seja na escola, quer seja em seminários, em cursos de formação para professores.... Estamos usando a palavra "formação", porque é uma marca do discurso pedagógico, possui reconhecimento e sentidos entre educadores, porém, com o cuidado de não significá-la como um "colocar na forma", mas sim caracterizá-la como *encontro de conhecimento*.

Nós formadores, na condição de professores, nem sempre conseguimos dar conta desta escuta e também de trazer a palavra de exposição que apresente as nossas dificuldades. Sabemos que os encontros de formação são fundamentais para o enfrentamento dos problemas cotidianos das escolas, de territórios, mas encontram diversos entraves em diferentes contextos. Concordamos com Christov (2001, p. 159) "[...] são espaços de surpresas e de sabedorias que se colocam entrelaçando ciência, senso comum, poesia, religião, boa vontade, má vontade, justificativas, ideologias e reflexão".

Para entrarmos neste cenário de *formação* como *conversa* – e diante da nossa própria dificuldade em gerar estes espaços; gostaríamos de ressaltar duas palavras que, assim como a escuta, constituem o diálogo. Trata-se das palavras argumento e condução. Muitas vezes falamos ou ouvimos alguém dizer que é preciso argumentar no sentido de não se impor uma perspectiva. Ora, muitas vezes pelo argumento, tentamos impor uma perspectiva, um modo de ver uma situação. Assim, a palavra argumento não é suficiente para garantir relações não hierárquicas entre quem conversa. O argumento tem em si a palavra condução. Quem argumenta conduz a conversa. Duas pessoas que conversam conduzem o diálogo por meio da argumentação. Diálogo é experiência de confronto, de conflito. Logo, é muito importante que possamos identificar nos processos de diálogo, a força de condução de cada argumento e que possamos admitir e fazer o esforço de explicitar os conflitos que emergem em cada argumento. Identificar as palavras de imposição e exercitar a boa recepção às palavras de exposição. Sobretudo nos processos formativos, palavras de exposição são preciosas: exposição dos medos, das dúvidas, dos erros, dos acertos. São preciosas as perguntas: para onde estamos nos conduzindo? Para saber mais? Para sermos mais potentes como educadores? Para a identificação de nossa força? Assim como é preciosa a capacidade de identificarmos para onde queremos conduzir o outro com nossos argumentos.

Podemos nos perguntar: cultivamos o conduzir para pensar mais, para dizer mais, para mudar de lugar? Cultivamos o conduzir e a argumentação para sermos melhores e mas criadores com o outro? Nosso argumentar e nossa condução da conversa abarca os desvios? Abarca o *desver,* como sugere Manuel de Barros? Assim, pensamos na palavra condução e na palavra argumento como acolhedoras de desvios, de novas formas de dizer, de surpresas trazidas pelo outro para a conversa. Surgirão sempre palavras de imposição e condução para um caminho só, o que importa é aprender como lidar com elas e seguir na conversa. A questão não está em seu aparecimento, mas sim em descobrir *como estar* com elas. Nossa tentativa diante das palavras de imposição está em perceber se essas palavras vão silenciar, esgotar pensamentos ou formas de ação, ou se vão abrir sentidos revelados na condução daquilo que estamos conversando. Se essas palavras impedem ou potencializam o "ser mais" de que fala Freire. A imagem de condução no argumento que nos interessa é aquela que solicita e permite o fluxo no estar com, no aprender com. Mais do que a construção de um espaço concreto em si, como um lugar específico com hora marcada para arguição de questões da docência, apostamos em um espaço de conversa que pode acontecer se estimulado, no cotidiano de educadores que enfrentam o desafio de encontrar caminhos – soluções, sem receitas prontas, pois que cada grupo de estudantes exigem novas respostas. Estamos falando de uma disposição para conversar com o outro em estado de escuta que pode gerar espaços de conhecimento, quando nos dispomos a estar junto em torno do conhecer.

O espaço de conversa assim caracterizado pode acontecer em qualquer espaço formativo, a escola também pode ser este local, acompanhando o movimento de alguns educadores que lutam para que a escola seja um espaço de conversa, como lugar de escuta e palavra.

Formar não é uma experiência de convencimento e imposição de uma perspectiva, mas uma oportunidade para a construção das diferentes leituras da realidade que implica em habilidade de colocar questões às experiências, à autoria, ao gesto do outro, tal como fez o professor diante da tentativa do menino:

> *Pode ir, pode ir, depois estuda a jabuticaba*. Por fim, quando todos os outros meninos descem do tronco, o menino sobe.

> Sente o medo da altura. Recolhe o espaço ao redor com o olhar, descobre o cheiro do ar, percebe o balanço do vento e rouba a jabuticaba preta. Desce da árvore como quem foi iniciado a dizer algo.

Esta concepção sobre a formação implica num conjunto de práticas sobre a escuta do formador e sobre a problematização das falas, colocando mais perguntas do que afirmações, o *dar a ver* suas questões junto às suas palavras.

As oficinas e as narrativas realizadas no encontro de educadores apresentado nesse livro mostram caminhos presentes no exercício da escuta em espaço de formação: dar lugar à palavra do professor.

E se pensarmos na palavra que falamos entre homens (que é o que somos), poderíamos desejá-la como palavra de exposição para ver o mundo, ver as coisas, os vizinhos, o diferente... Mais do que uma palavra que pode estar atrelada a ideias dominantes, como a política, a técnica, o conhecimento, à educação etc. Pensemos na palavra que podemos tê-la para conversarmos. Uma palavra que, talvez, seja desvelada quando se procura, a cada vez que se fala ou escreve ou escuta ou silencia. Em qualquer situação, sabe-se que nunca será somente um eu que a encontrará, pois precisa da fricção, do atrito, do espaço entre um eu e um outro. Estamos falando de uma conversa que inaugura o fluxo do conhecimento, estabelece este lugar como encontro. E talvez verificar se somos capazes de escutar, de falar, de colocar em comum o que pensamos, de elaborar o sentido, ou a falta de sentido, do que nos acontece, de dizer o que ainda não sabemos dizer ou aquilo que de fato gostaríamos de dizer. Falamos de uma conversa que pode provocar em cada educador o sentimento de que é capaz de saber, capaz de dizer e capaz de criar sua experiência de aula.

Referências

BAKHTIN, Mikhail. *Estética de la creación verbal*. 2. ed. Tradução de Tatiana Bubnova. Buenos Aires: Siglo XXI, 2008.

BARROS, Manuel. *Poesia completa*. São Paulo: Leya Brasil, 2010.

BUBER, Martin. *Eu e tu*. São Paulo: Centauro, 1982.

CHRISTOV, L. H. da S. *Sabedoria do coordenador pedagógico:* enredos do interpessoal e de (con)ciências na escola. Tese de doutoramento. Pontifícia Universidade Católica de São Paulo, 2001.

FREIRE, Paulo. *Pedagogia da autonomia*: saberes necessários à prática educativa. 12. ed. São Paulo: Paz e Terra, 1999.

______. *Pedagogia da esperança.* Um reencontro com a pedagogia do oprimido. Rio de Janeiro: Paz e Terra, 1992.

______. *Educação como prática da liberdade*. 25. ed. Rio de Janeiro: Paz e Terra, 2001.

LARROSA, Jorge. *Tremores:* escritos sobre experiência. Belo Horizonte: Autêntica, 2014.

CAMINHOS DE OFICINAS COM PROFESSORES

Eliane Bambini Gorgueira Bruno

A prática de se oferecer oficinas para professores vem acompanhada, muitas vezes, por algumas críticas, sobretudo quando se entende a oferta de oficinas por oferta de receitas para sala de aula.

Inúmeras vezes ouvimos formadores e pesquisadores fazerem ressalvas a respeito de suas orientações pedagógicas, dizendo "não se trata de receita". Com isso querem dizer que não oferecerão uma fórmula mágica capaz de resolver os problemas que os professores encontram em cada sala, ao se relacionarem diretamente com seus estudantes e em contextos educacionais específicos. Querem dizer que não concordam com a ideia de que existem manuais – e livros de receitas – capazes de prever e resolver as relações de ensino e aprendizagem fora dos contextos de ensino-aprendizagem. Querem dizer que não concordam com a ideia de que os professores sigam rigorosamente instruções alheias para desenvolverem suas aulas, mas que devem, sim, criar sua docência a partir da realidade de cada uma de suas turmas e a partir de suas referências teóricas e práticas.

Quando se alerta que não se está ofertando uma receita ao se ofertar uma sugestão, um exemplo, uma ideia, uma solução para um problema ou uma dica metodológica, o que se está alertando, na verdade, é para o fato de que não se pretende que aquilo que foi ofertado seja entendido como algo a ser cumprido à risca e com exatidão, tal qual descrito pela pessoa que alerta sobre não se tratar de receita.

Cabe, portanto, uma reflexão sobre receituários em educação, ou mais especificamente, para a sala de aula. E cabe uma reflexão sobre receitas. Para aulas ou para qualquer outra prática humana.

Receitas constituem um gênero de discurso associado ao campo da culinária e da medicina. No campo da culinária por mais que apresentem medidas e modos de preparo que devam ser seguidos, sabe-se que muitos fatores entram em jogo para o bom resultado de uma receita culinária. Fatores como clima, potências de forno e fogão, tipos diversos de um mesmo ingrediente, como as farinhas, por exemplo, são variáveis relevantes para deixar diferente a mesma receita. O que exige do cozinheiro a sabedoria de lidar com os diferentes "pontos" da massa, com as diferentes relações entre os temperos, com os diferentes tempos exigidos para cada alimento conquistar o sabor, a forma e o aroma desejados.

No campo da medicina, receita também é associada à prescrição médica devendo, essa sim, ser seguida rigorosamente como prescrita.

No campo pedagógico, mais comumente se faz referência à receita tal como é entendida na abordagem culinária, inclusive por sugerir modo de fazer algo, modo de fazer algo na cozinha – como fazer um bolo ou na sala de aula – como fazer uma atividade com os alunos.

Um problema pode ser identificado justamente na confusão dessas duas acepções: a da culinária e a da medicina, transpondo-as para a sala de aula. Se entendida restritamente como receita para a ação na cozinha, o problema se ameniza, pois todo e qualquer cozinheiro, profissional ou amador, sabe que nenhuma receita é garantia de reprodução tal e qual se apresenta antes de tornar-se experiência.

De onde surge, então, esse medo de se dar receitas aos professores, especificamente? Surge, talvez, de se pretender que sejam seguidas tal qual são concebidas pela área médica, ou seja, rigorosamente como prescreve o médico, detentor do saber sobre a saúde e a doença. Surge da transposição de uma área para outra sem o cuidado de se perguntar se tal transposição corresponde à realidade quando se trata da sala de aula.

Surge de tradições tecnicistas, autoritárias, predominantes em processos ditatoriais que pretenderam – e pretendem em muitos lugares ainda – impor procedimentos para serem seguidos tal e qual figuram em manuais e guias instrucionais. Surge em tradições que supõem ser os professores incapazes de lidar com o "ponto" da massa, com variedade climática, com as surpresas que não podem ser previstas anteriormente à experiência. Dois são, portanto, os fundamentos que levam a se propor receitas com a pretensão de que sejam seguidas à risca. O primeiro refere-se à intenção de impor uma forma de ser e fazer que não pode ser desobedecida. Mesmo que se acredite que o outro, que deve cumprir tal obediência, seja capaz de criar outra forma de fazer, é preciso que se cumpra o que a perspectiva ditatorial, impositiva, prescreve. O segundo fundamento refere-se ao descrédito relativo à capacidade do outro, no caso, os professores de criarem suas aulas. Em regimes ditatoriais, mesmo que se acredite na capacidade do outro, esse deve seguir a ordem central, o comando único.

Vale lembrar que cada uma dessas situações ocorre também em regimes ditatoriais e em regimes democráticos, ou seja, existem dominações de vontades do outro em contextos identificados como democráticos e existem descréditos e desvalorizações a respeito do outro em regimes explicitamente autoritários também.

Pelo exposto, podemos identificar os problemas em torno de se oferecer um exemplo, uma receita, uma ideia de aula a um professor, muito mais nas intenções que cercam essa oferta do que na oferta em si. Afirmamos isso, porque entendemos que em qualquer situação os professores farão adequações, adaptações, recriações, criações a partir do que lhes é ofertado como "receita" pedagógica. Os professores desobedecerão sempre, porque seu fazer é artesanal, depende do encontro com cada um dos seus estudantes, jovens, crianças ou adultos, e do lugar e do tempo em que estiverem. Depende do clima, da potência do forno, do tipo da farinha.

Cientes dessa sabedoria própria de cada professor, decidimos ofertar oficinas de ensino de artes aos professores reunidos no Instituto de Artes em agosto e setembro de 2014. Ofertamos oficinas, porque sabemos que eles são capazes de entrar em contato com uma ideia e inventá-la novamente para seu contexto. E são capazes de criar outra história com a história vivida entre nós.

Ofertamos oficinas e não palestras por acreditarmos que a palavra oficina sugere fazer algo junto, criar com as próprias mãos a partir de referências e parcerias experientes. Ofertamos oficinas por estarmos pesquisando metodologia para ensino básico há uma década como grupo de pesquisa e como educadores de diferentes espaços. E por contarmos com uma intensa demanda por parte de professores solicitando encontros e conversas a partir de nossas pesquisas.

Entendemos que a melhor forma para a viabilização dessa conversa seria por meio de encontros para se fazer algo em comunhão. Ninguém educa ninguém: os homens se educam em comunhão (FREIRE, 1987).

As oficinas narradas nesse livro inspiram-se nessa convicção de que temos pesquisa sim, temos receitas, mas que nada valem se não se mostrarem em diálogo com professores que conhecem suas salas, seus estudantes, suas experiências, suas dificuldades.

Para finalizar, destaco alguns compromissos que unificam as oficinas narradas nesse livro.

Um primeiro e importante compromisso está no pressuposto principal desse livro, ou seja, aquele que motivou começar um encontro com professores pela escuta a respeito de como entendem a própria docência que realizam e como analisam o contexto ou a rede na qual atuam como profissionais. Cada uma das oficinas narradas incluiu a escuta dos participantes para a construção de objetos, ações ou narrativas.

Outro compromisso evidenciado nas oficinas refere-se ao fato de que seus coordenadores não se eximiram de apresentar uma proposta. Trouxeram propostas comprometidas com a escuta, com o fazer junto e comprometidas, sobretudo, com a possibilidade de realizar um encontro de conhecimentos e troca de informações entre os participantes. Para garantir esse encontro, não se eximiram também de adequarem a proposta original ao grupo de professores inscritos.

E como destaque final, porém não menos importante, cada uma das oficinas presentes nesse livro buscou promover o encontro dos professores participantes com sua memória, sua história e sua inteligência (RANCIÈRE, 2004).

Referências

FREIRE, Paulo. *Pedagogia do oprimido*. 31. ed. Rio de Janeiro: Paz e Terra, 1987.

RANCIÈRE, Jacques. *O mestre ignorante*. Belo Horizonte: Autêntica, 2004.

O ENSINO DE ARTES NO MUNICÍPIO DE SÃO PAULO: CAMINHOS DE UMA PARCERIA

Carlos Eduardo Fernandes Jr.
Marcia Cordeiro Moreira
Simone Alves Costa

O desenho de uma rede

Atualmente a Rede Municipal de Ensino atende cerca de um milhão de crianças, jovens e adultos a partir do trabalho de quase 84 mil funcionários[1]. Do total de 62.800 docentes desde a Educação Infantil ao Ensino Médio, por volta de 2.150 são professores de artes. São números que apontam a complexidade dessa rede e suas demandas formativas frente aos desafios de nosso tempo.

A organização do atendimento às crianças, adolescentes, jovens e adultos, obedece à seguinte conformidade: a crianças de 0 a 3 anos de idade, através dos Centros de Educação Infantil (CEI); crianças de 4 a 5 anos, através das Escola Municipais de Educação Infantil (Emei); crianças e adolescentes a partir dos 6 anos de idade nas Escolas Municipais de Ensino Fundamental (Emef), Jovens e adultos, através das unidades de Emef que oferecem a Educação de Jovens e Adultos (EJA) no período noturno; e Ensino Médio através das Escolas Municipais de Ensino Fundamental e Médio (EMEFM). Há ainda os Centros Integrados de Educação de Jovens e Adultos (Cieja), que possuem outras formas de atendimentos aos jovens e adultos de nossa cidade; e as Escolas Municipais de

1. Disponível em: http://portal.sme.prefeitura.sp.gov.br/Main/Noticia/Visualizar/Portal SMESP/Numeros-da-Secretaria. Acesso em: 24 maio 2015.

Educação Bilíngue para Surdos (Emebs) que atende crianças, jovens e adultos com deficiência auditiva.

Esta breve apresentação nos aponta de quantos e quais lugares os professores de artes da rede municipal de ensino falam sobre suas angústias, suas práticas e necessidades. É importante ressaltar que dentre as unidades de ensino listadas há um professor de artes dedicado à disciplina nas Emef, EMEFM, Emebs e Cieja. Sendo assim, os desafios da organização de uma política educacional estão na diversidade das ações dos professores e na superação de cisões que vêm se constituindo ao longo da história.

Um dos pressupostos da condução da política educacional em curso é compreender os estudantes em sua integralidade como sujeitos da aprendizagem e o processo educativo em sua inteireza, superando dicotomias, onde ainda há uma hierarquização entre diferentes áreas de conhecimento, seja na fragmentação dos componentes curriculares no Ensino Fundamental, seja entre ciência e artes.

A escola e sua estrutura dialógica

Lembrando que o espaço das instituições educativas conta com um conjunto de educadores para além dos docentes, faz-se necessário destacar o papel do coordenador pedagógico como articulador do coletivo, que promove desafios, propõe momentos para que os docentes e outros profissionais compartilhem suas práticas, envolve todos os profissionais da escola nas discussões pedagógicas e (fiquei em dúvida nesta palavra, pois não é só o coordenador que faz isso). A verba é uma decisão do colegiado e de investimento, tanto financeiro como de organização de espaços, tempos e materiais em função das aprendizagens dos educandos e dos educadores em toda a sua potencialidade. Além da necessária articulação com as famílias, evidenciando a importância de uma gestão democrática na efetivação do Projeto Político--Pedagógico.

A importância do papel da Direção da escola, por sua vez, está em promover a gestão democrática, com participação de todos, não apenas nas instâncias formais como Conselho de Escola, Reuniões de Pais e Mestres e Associação de Pais e Mestres, mas por meio da criação de canais para as diversas formas de expressão que evidenciem o direito à voz de todos os educandos, de todas as idades, garantindo o acolhimento dos atores envolvidos no Projeto Político-Pedagógico.

Além dos professores de artes, há o necessário diálogo com um corpo docente que fala de muitos lugares do saber: Língua Portuguesa, Matemática, Ciências Naturais, Geografia, História, Língua Inglesa, Educação Física, mediadores de Leitura e mediadores das Tecnologias Digitais em ambientes de aprendizagem, contando ainda com as professoras pedagogas que trabalham com os estudantes do 1º ao 5º ano das Emef, EMEFM e Emebs. São estes profissionais em diálogo que constituirão os espaços dos projetos de cada unidade de ensino nas quais estão presentes os arte/educadores da rede de ensino municipal.

Para o gerenciamento dos projetos de cada unidade escolar e a gestão dos recursos financeiros, os Conselhos de Escola e a Associação de Pais e Mestres (APM) constituem-se como importantíssimos espaços de resolução das demandas da comunidade escolar. Propostas sobre ocupações de cada espaço da unidade escolar, tal como salas ambientes dedicadas ao ensino de artes são discutidas neste fórum composto por equipe gestora, professores, funcionários, pais e estudantes. O destino das verbas repassadas pela

Secretaria Municipal de Educação também é discutido nesses fóruns, possibilitando que cada membro do conselho, ou presente no conselho, apresente os motivos para a aquisição ou não de um bem material, ou uma verba de contratação de um ônibus que leve os estudantes a um espaço de difusão cultural. Ainda há muito o que avançar na ocupação desses fóruns de decisões coletivas dentro nas Unidades de Ensino.

A autonomia na constituição de uma escola

Por meio do diálogo com as 547 Emefs da rede de ensino, há o reconhecimento de experiências diversas sobre a constituição da organização do tempo e do espaço escolar.

Uma das escolas que estabeleceu outras formas de atuação é a Emef Presidente Campos Salles, localizada na comunidade de Heliópolis, Zona Sul da cidade de São Paulo. Essa escola constituiu seu projeto ao longo da última década através de salões de aprendizagens, nos quais há aproximadamente cem crianças do mesmo ano (ex.: 1º, 2º, 3º etc.) acompanhadas pela mediação dos roteiros de estudos por três professores. Não há aula expositiva, nem provas. Trata-se de um currículo com base no processo autônomo dos estudantes, que reconhecem os espaços de convivência e as regras da democracia que fundamentam as comissões mediadoras (grupos de aproximadamente dez crianças por salão de aprendizagem que fazem as mediações dos conflitos, conversam com os pais e professores e fazem parte da gestão escolar) e a república dos estudantes, na qual são eleitos estudantes vereadores que ajudam na organização dos espaços dedicados a toda a comunidade, os secretários com os papéis definidos pela articulação do projeto da escola, além da prefeita e vice-prefeita. Toda esta estrutura estabelece um diálogo permanente entre toda a comunidade escolar, com um processo horizontal de diálogos e resolução dos problemas a ponto de estabelecerem-se ponto de referência para toda a comunidade local, assegurando os princípios de um bairro educador, extrapolando os simbólicos muros da escola[2]

A Emef Presidente Campos Salles não está sozinha e conta ainda com outras unidades de ensino que se dedicam a experiências diversas, tais como a Emef Desembargador Amorim Lima[3] localizada no Butantã, Zona Oeste; e a Emef Presidente João Pinheiro[4], localizada na Vila Matilde, Zona Leste da cidade de São Paulo.

Cada uma destas unidades constituiu-se a partir das demandas do local em que estão e trazem como qualidades inerentes aos seus trabalhos o questionamento permanente de uma escola que atenda às necessidades de aprendizagens dos estudantes, modificando-se anualmente para readequar--se ao tempo vivido.

Todas as escolas da rede municipal de ensino podem modificar os seus tempos e espaços na constituição dos saberes a partir do Programa Mais Educação São Paulo, mas para isso é preciso percorrer as instâncias democráticas que as legitimam e as lançam a novas práticas.

Há na rede municipal de ensino paulistana 6 Escolas Municipais de Educação Bilíngue para Surdos, 8 Escolas Municipais de Ensino Fundamental e Médio e 547 Escolas de Ensino Fundamental. Sendo assim, como a possibilidade de atuação majoritariamente nas escolas de Ensino Fundamental,

---

2. Disponível em: https://campossalles.wordpress.com/. Acesso em: 24 maio 2015.

3. Disponível em: http://amorimlima.org.br. Acesso em: 24 maio 2015.

4. Disponível em: http://joaopinheironarede.blogspot.com.br/. Acesso em: 24 maio 2015.

explicitaremos a seguir a reorganização curricular dedicada a este segmento da educação pública da cidade de São Paulo, localizando nesse processo o ensino de artes.

O ensino de artes nas escolas

O Ensino Fundamental na rede municipal de ensino de São Paulo, onde atuam a grande maioria dos professores de artes, está configurado em três ciclos de aprendizagem: Ciclo de Alfabetização (1º ao 3º ano), Ciclo Interdisciplinar (4º ao 6º ano) e Ciclo Autoral (7º ao 9º ano).

O tempo dedicado ao ensino de artes ao longo do Ensino Fundamental está organizado da seguinte maneira: uma hora/aula por semana (45 minutos) do 1º ao 5º ano do Ensino Fundamental, duas horas/aula por semana (90 minutos) do 6º ao 9º ano do Ensino Fundamental. As 8 escolas que possuem Ensino Médio se organizam com duas horas/aulas por semana (90 minutos) do 1º ao 3º ano do ensino médio.

Sinteticamente apresentando os pressupostos de cada ciclo de aprendizagem do Ensino Fundamental, podemos partir das seguintes concepções dessa organização: o Ciclo de Alfabetização tem como propósito primeiro que todos os estudantes estejam alfabetizados até o término do 3º ano do Ensino Fundamental; o Ciclo Interdisciplinar objetiva a articulação entre as áreas do saber, frente a um mundo complexo e que exige uma prática formativa que reflita a diversidade dos problemas da vida contemporânea, abrindo a possibilidade da articulação de projetos com horários garantidos nos 4ºs e 5ºs anos do Ensino Fundamental, e um espaço de docência compartilhada em quatros aulas por semana com os grupos de 6º ano; o Ciclo Autoral objetiva que a dinâmica do ensino esteja voltada para práticas de produção de conhecimentos de forma autoral, com pesquisas e organização do que é conhecido através de trabalhos colaborativos de autoria (TCA).

Essa reorganização curricular prevê que em diversos momentos haja dois professores em sala de aula com cada turma. Por exemplo: no ensino da Língua Inglesa do 1º ao 5º ano do Ensino Fundamental, a professora pedagoga permanece na sala junto ao professor especialista. Há também a possibilidade de que os professores em módulo (professores efetivos que não tiveram a totalidade da jornada de trabalho ocupada com as turmas) estejam presentes junto a outros professores no trabalho cotidiano no interior das salas de aula. Este movimento de promover encontros com mais de um profissional qualificado no interior da sala de aula objetiva ampliar as possibilidades de mediação de aprendizagens com os estudantes de todos os anos do Ensino Fundamental.

A partir destas orientações, os professores de artes da rede municipal de ensino organizam suas propostas de trabalho em diálogo com os locais e comunidade em que estão inseridos. O ensino de artes parte de experiências com o universo sensível das linguagens artísticas, tais como dança, teatro, artes visuais e música, reconhecendo a cultura em que estão inseridos os estudantes e ampliando o repertório e as possibilidades de significação das artes.

Nesta proposta curricular, os professores de artes partem da premissa da promoção de aprendizagens dos estudantes nas linguagens de artes, reconhecendo quais experiências devem ser construídas ao longo do Ensino Fundamental, sem definir externa e individualmente quais os conteúdos de cada encontro com os estudantes. O professor, como intelectual, se coloca como pensador do processo que vivencia com os estudantes, assumindo as possibilidades de avanço e recuo na prática cotidiana. Este pressuposto exige uma grande articulação com todos os profissionais de cada escola, construindo uma unidade no projeto planejado por tantas vozes. Neste cenário, cada unidade de ensino passa a ter autonomia para gerenciar seus projetos, tempos e espaços.

A formação continuada

As ações de formação continuada têm o objetivo de investir na potencialidade dos educadores, seja no âmbito da unidade educacional, seja através de oferta de outros tempos e espaços de formação para além dos muros da escola, que precisam estar presentes nas políticas educacionais de formação docente. No entanto, nota-se que a informação não é suficiente para que se consolidem as ações de formação com reflexões e mudanças de práticas pedagógicas.

A promoção de experiências construídas coletivamente, de participação política e de reflexões sobre ética e compromisso com o processo de aprendizagem das crianças, em situações do cotidiano das instituições educativas, bem como a ampliação das possibilidades de experiências estéticas nos momentos destinados às formações, podem criar oportunidades para transformações importantes na atuação docente e nas interações entre adultos e crianças, entre educadores e educandos e entre escola e família.

As diversas formas de aprendizagens dos estudantes são entendidas como experiências que não se restringem ao exercício de raciocínio lógico e desenvolvimento cognitivo, ou acúmulo de novas informações, mas às possibilidades de experiências em múltiplas linguagens, em processos não apenas de aquisição de conhecimentos, mas de exploração dos saberes que emergem no processo, de criação de culturas e expressão do sujeito em sua integralidade física, emocional, cognitiva e cultural.

Outro aspecto a ser considerado é a importância de compreender o docente enquanto intelectual, em processo de reflexão permanente sobre sua ação pedagógica e autor no processo de organização dos tempos e espaços, dos materiais que disponibiliza, dos registros e da documentação pedagógica que organiza para o acompanhamento pedagógico das aprendizagens e para comunicação de seu trabalho no coletivo, mediador das interações entre os educandos, e destes com todas as fontes de investigações possíveis, dentro e fora da sala de aula, em espaços externos à unidade, por toda a cidade que também educa.

Assim, a formação desejável e necessária ao educador não se restringe à formação inicial, e nem a uma formação estritamente teórica e especializada em uma ou algumas áreas. O profissional de educação está em permanente construção, constituindo sua identidade profissional a partir dos grupos com quem convive, dos desafios pedagógicos que encontra em seu percurso, da interação com os educandos, do estudo de áreas de conhecimento diversas e das múltiplas linguagens, da interdisciplinaridade e da construção de projetos com os educandos e com o coletivo de educadores, da escuta e da investigação das culturas infantis e juvenis, das culturas dos familiares e da comunidade onde a instituição educativa está inserida.

O professor/autor percebe-se como sujeito implicado no processo educativo, com o compromisso de apresentar, debater e acolher propostas no coletivo das unidades educacionais, com o compromisso de buscar conhecer o contexto, os educandos e suas culturas. Percebe, nas interações presentes no cotidiano, a necessidade de um olhar atento e de uma escuta sensível para todas as expressões dos múltiplos sujeitos com que convive, garantindo a autoria nos processos educativos. Este profissional aprende a perceber as nuances das características presentes através da leitura de mundo e do envolver-se, comprometer-se com o seu fazer no coletivo.

Identificando-se como autor e como intelectual, o docente busca, para além dos espaços de formação institucionais, sua formação em espaços diversos, a partir dos desafios que encontra no percurso de sua atuação pedagógica, assim como problematiza ações no e do coletivo das instituições educativas e problematiza as interações dos e com os estudantes.

Encontro entre Universidade e Educação Básica

A formação dos professores de artes realizada no mês de agosto de 2014, em parceria com o Instituto de Artes da Unesp, revelou, a partir da escuta sensível nos encontros e por meio do envolvimento dos docentes nas experiências com as múltiplas linguagens, oportunizadas pela oferta de oficinas, as inquietações, a necessidade de mudança e o protagonismo dos profissionais que se dispuseram ao encontro, à entrega e expressaram com legitimidade o desejo de intervir nas políticas educacionais do município de São Paulo, como parte integrante que são dessa construção.

O encontro da escola pública com a universidade tem um grande valor, à medida em que cria laços entre ensino e pesquisa, assim como entre Educação Básica e Ensino Superior, ao mesmo tempo em que valoriza o professor como intelectual e concretiza a possibilidade de uma escuta mais livre, interessada e atenta, do que as que costumam ocorrer no interior da cultura escolar, uma vez que o diálogo estabelecido nesse encontro era desprovido de possíveis censuras por parte de quem fala e por parte de quem ouve.

Nos espaços de circulação da palavra e, no caso das dezesseis horas de encontro no mês de agosto de 2014, circulação também de imagens, de movimento, de diversas formas de expressão, tivemos a oportunidade de enxergar pessoas que se envolveram inteiras, explicitando suas potencialidades e fragilidades, vibrando com a multiplicidade de experiências estéticas possíveis e, ao mesmo tempo, deparando-se com os limites de cada um, especialmente quando refletindo sobre as múltiplas linguagens.

Promover o encontro entre os professores de artes, partindo da escuta e da experiência, composto por pessoas de formação inicial diversa, tendo em vista os cursos de licenciaturas nas linguagens artísticas específicas, foi possibilitar a troca e o compartilhamento do ser artista e do ser educador. O formato dos encontros, bem como as propostas das oficinas, tendo como princípio dialogar com os professores por meio das linguagens artísticas, desde a abrangência dos temas das oficinas, até o planejamento dos intervalos, com música e dança, criou possibilidades de diálogos a partir e através das experiências estéticas.

Desde a alegria do encontro com o Maracatu Bloco de Pedra, o alimento para o corpo e para a alma, o estar junto aos parceiros de formação e de profissão, a possibilidade de se ver naquele contexto como artista e não apenas como educador, a possibilidade da construção de uma poética coletiva. Tudo isso somado à disposição inicial que moveu os participantes a chegarem até ali, nos traz a possibilidade de afirmar que ninguém saiu dali do mesmo jeito que chegou.

Os desafios e as ações que se estendem no horizonte próximo

Os desafios são muitos, assim como as dificuldades enfrentadas no trabalho cotidiano. A questão que se apresenta é: como manter uma atitude crítica nas análises e de otimismo nas ações? Não se trata do otimismo ingênuo, mas o que mobiliza para as transformações e construções necessárias.

Dentre algumas necessidades apontadas pelos professores de artes participantes do encontro, estão a necessidade de criar e intensificar o sentido de pertencimento dos educadores e dos educandos ao Projeto Político-Pedagógico de cada unidade educacional, através da participação, do reconhecimento do protagonismo de todos os envolvidos, da construção de caminhos alternativos que repensem a educação no espaço escolar e nos territórios da cidade.

A implementação do Programa Mais Educação São Paulo[5] trouxe muitas inquietações, e, destas, muitas buscas por transformações nas ações pedagógicas desenvolvidas nas unidades educacionais. Estes desafios passaram a compor os horários coletivos de formação continuada no âmbito das unidades, assim como outros espaços de formação em horário de serviço realizada pelas Diretorias Regionais de Educação (DRE), os cursos optativos, seminários e congressos oferecidos por diversas esferas da Secretaria Municipal de Educação, boa parte em parceria com universidades. Estas ações têm evidenciado o desejo e as práticas autorais de professores e estudantes na construção de uma educação pública municipal com qualidade social.

---

5. Disponível em: http://maiseducacaosaopaulo.prefeitura.sp.gov.br/. Acesso em: 24 maio 2015.

Dentre todos os desafios, foi também apontada nas indicações dos professores de artes, nos encontros realizados em agosto de 2014, a necessidade da garantia de todos professores da rede municipal de ensino nos horários coletivos de formação dentro de sua jornada de trabalho, pois em uma proposta dialógica, ampliar os espaços de construção coletiva é uma necessidade concreta, permitindo a articulação de projetos, a constituição de ações interdisciplinares e a orientações dos processos de pesquisas dos estudantes. A escola não pode se configurar com ações solitárias. Serão o conhecimento e a articulação em rede que permitirão novos lugares para a educação pública paulistana.

A formação para a equipe gestora também foi apontada pelos professores de artes como necessidade permanente, no sentido de fomentar a gestão democrática e de respaldar a possibilidade de momentos de escuta e de reflexão no coletivo sobre reorganização de tempos, espaços, materiais, orientando permanentemente e trazendo apoio e segurança aos gestores quanto às possibilidades de utilização dos recursos financeiros em prol de um currículo vivo, no qual as linguagens artísticas ocupem mais tempos e espaços na cultura escolar.

Reconhecer que crianças e adolescentes, assim como jovens e adultos, são sujeitos e cidadãos no tempo presente e não apenas alguém a ser preparado para o futuro, implica em considerá-los como partícipes protagonistas no processo educativo. Nesse sentido, o propósito é de educar com as crianças e adolescentes, com os jovens e adultos. Daí também a necessidade apontada pelos participantes dos encontros de formação sobre artes e suas múltiplas linguagens, da ampliação da carga horária de artes no currículo escolar do Ensino Fundamental, Ensino Médio e EJA, enriquecendo o currículo e garantindo aos estudantes maiores possibilidades de apreciação e criação artística, como sujeitos de direitos e atuantes na sociedade em que vivem.

Este reconhecimento de "educar com" exige novas maneiras de pensar o currículo e o cotidiano escolar, de forma menos prescritiva e mais autoral, a partir de diretrizes que enunciem os princípios éticos, políticos e estéticos para a prática pedagógica, em uma perspectiva interdisciplinar, que se construa por meio de uma escuta sensível, de um olhar observador, de reflexões coletivas com o envolvimento de todos os atores, democraticamente, e com a maturidade deste coletivo expressa em processo permanente de avaliação institucional participativa.

A necessidade de que o trabalho docente com os estudantes envolvendo as diversas linguagens artísticas extrapolem os muros da escola também foi apontada pelos professores de artes, a partir de ideias como a ampliação de intercâmbios com museus, teatros, espaços culturais diversos, por meio de política públicas que facilitem as oportunidades de visitas e trocas, assim como a garantia de uma política efetiva de inclusão digital.

Todos esses elementos devem constituir o Projeto Político-Pedagógico, que se apresenta como uma carta de intenções que explicita os princípios e deve garantir a expressão de toda a potência dos que fazem parte do processo educativo, toda a vivacidade presente na escola e na comunidade.

A discussão sobre currículo tem como objetivo principal pensar a educação com base em princípios para a garantia de direitos humanos, e mais especificamente os de aprendizagem, para uma população que deposita na escola pública a expectativa de atendimento de educação integral, com a presença de diferentes culturas e identidades territoriais.

Por esses motivos, há também a necessidade de algumas desconstruções e mudanças de paradigma. Em decorrência desse processo, encontra-se a necessidade de um olhar criterioso para os processos pedagógicos com base nas concepções que cristalizaram alguns aspectos que precisam ser transformados, tais como as perspectivas disciplinares e seriadas.

Este é o momento de pensar em uma escola inclusiva e integradora das áreas de conhecimento e de todas as etapas e modalidades da Educação Básica. É o momento de valorização da autoria docente, da postura ética e comprometida dos profissionais da educação com a qualidade social da educação pública, e de potencializar os espaços de formação coletiva como lócus privilegiado para a organização curricular e gestão pedagógica do processo de ensino-aprendizagem que considere a riqueza presente em cada uma e no conjunto das unidades educacionais.

A garantia de um efetivo reconhecimento da importância do trabalho do professor de artes nesse processo de fortalecimento da educação pública na formação de crianças, adolescentes, jovens e adultos passa pela organização coletiva dos arte/educadores, pela reflexão sobre seu trabalho, pela busca de formação permanente, pela apropriação de seu percurso autoral, pela reivindicação de efetivas condições para um trabalho qualificado com os estudantes e pela demonstração de envolvimento e compromisso com a educação pública que atenda aos princípios éticos, políticos e estéticos, conforme ocorreu no encontro realizado em parceria com o Instituto de Artes da Unesp.

Este encontro, entre universidade pública e Educação Básica pública, é o prenúncio de uma relação duradoura que não se esgotou em dois sábados, ao contrário, desencadeou novas necessidades, instigou a novas buscas e aponta para novos e múltiplos encontros.

RENOVAGRAF
contato@renovagraf.com.br
Fone:(11) 2667-6086